「三国志」の知恵

狩野直禎
KANO Naosada

法藏館

「三国志」の知恵＊目次

表紙挿図　狩野直喜書「出師表」

本書は一九八五年一月二〇日に講談社の講談社現代新書
として刊行された。

序　「三国志」と現代

「三国志」の舞台・成都へ

〝三国志の旅〟に出た私たち一行は、一九八四年三月二十八日の午後八時、成都《せいと》飛行場におり立った。私にとっては訪中三回目にして、やっとめぐってきた成都行であった。飛行場の土をふみしめながら、学生時代から数えて三十数年の夢の、ようやく叶《かな》えられたのだという思いが、打ち返す波のように、いくどもこみあげてくるのを禁ずることができなかった。

まだ寒さが残る乾いた北京《ペキン》から、わずか三時間の飛行であったが、ここ成都の空気はなまあたたかく、しっとりとしていた。空港からホテル錦江賓館《きんこうひんかん》へ向かうバスの中で、成都はいま菜の花のまっさかりであると聞かされた。豊饒《ほうじょう》な農村の風景が車窓に展開されているであろうのに、それを見るためには、成都の夜はあまりにも暗く、ただ想像を走らすのみであった。

いま、私は北京から三時間で成都についたと書いたけれど、北京の西南約五十キロ、涿《たく》県に生まれた劉備玄徳《りゅうびげんとく》が、兵を起こしてから成都に入城するまで、実に三十年という年月を数えねばならなかった。そしてこの三十年は劉備にとって、苦難の連続であった。

劉備玄徳の苦難時代

劉備は漢の景帝の子で、武帝には弟にあたる中山靖王劉勝《ちゅうざんせいおうりゅうしょう》の子孫と称するが、早くに父を失い、母親と蓆《むしろ》を織って生計《たつき》をたてる貧しい家庭に育った。やがて同郷の張飛《ちょうひ》、山西省の解《かい》から亡命してきていた関羽《かんう》と三人、「生まれたのは別でも、死ぬ時はいっしょ」との誓い（「桃園《とうえん》の誓い」）をたてて、折から起こった黄巾《こうきん》の乱平定に参加した（一八四年）。ここで一応の働きを示したが、しょせん彼は根拠地を持つことができぬ根なし草であった。

一方、朝廷では何進《かしん》が宦官誅滅《かんがんちゅうめつ》をはかって失敗し殺されてしまう。しかし、何進があらかじめ呼び寄せておいた董卓《とうたく》は、首都洛陽《らくよう》に入ると、幼い献帝を擁立《ようりつ》した。ここにおいて名族出身の袁紹《えんしょう》・袁術《えんじゅつ》らを中心に、反董卓の連合軍がつくられる。董卓は洛陽に火を放ち、長安に遷都した（一九〇年）。

一九二年、董卓が部下の呂布《りょふ》の手にかかって殺されたあと、連合軍は解散し、彼らはそれぞれ独立して争うことになる。この戦いのあいだ、劉備は依然として根なし草で、あちらこちらの部将のもとをへめぐって、なんとか足場をつくろうとするが成功せず、ついに中央の争いから押し出されたかたちで、関羽・張飛とともに劉表《りゅうひょう》のいる荊州《けい》に落ちのびた。現在の湖北省襄《じょうはん》樊市の近くである。時に二〇一年。黄巾の乱後十七年を経過し、四十歳になっていた。

荊州は当時、劉表の支配のもとに安定し、戦争らしい戦争もなかったので、自然馬に乗る機会も少なくなり、劉備は髀《もも》に贅肉《ぜいにく》がつき、「髀肉《ひにく》の嘆《たん》」をかこったのであった。

「天下三分」の形勢

このころ荊州の隆中《りゅうちゅう》には、臥竜諸葛亮《がりょうしょかつりょう》孔明《こうめい》、鳳雛龐統《ほうすうほうとう》士元《しげん》らがいたが、劉備は三たび孔明の草廬《そうろ》を訪れ、「三顧《さんこ》の礼」をつくして、彼を部下に加えることに成功した。

このとき孔明が劉備に説いたのが、有名な「天下三分策」である。華北は曹操《そうそう》、揚子江下流は孫権《そんけん》がそれぞれ勢力圏を確定しているのだから、揚子江の中流荊州、上流の益州《えき》(四川)を領有して、かれらと鼎立《ていりつ》するようにという策である。

劉備は孔明を部下にすると、いつもそばに置いて信任した。関羽と張飛がそれに腹を立てると、劉備は、

「私に孔明があるのは、魚に水があるようなものなのだ」

と説き聞かしたので、両人もひきさがった。劉備と孔明との関係を「君臣水魚の交り」という。

根なし草の劉備にとって、孔明の天下三分の計を実行に移すには、まず荊州を領有せねばならぬ。ところが荊州を領有するどころか、ここからも逃げ出さねばならぬような事態にたち至った。曹操が華北を統一した勢いをかって南下してきたので、劉表の息子劉琮《りゅうそう》は劉備に断わりなしに曹操に降参してしまったのである。

劉備はここにおいて南に向かって移動するのであるが、孔明および孫権の部将周瑜《しゅうゆ》・魯《ろ》粛《しゅく》の策謀によって、劉備・孫権の同盟が成功し、赤壁《せきへき》の戦いで曹操は敗れて北に帰っていく。

赤壁戦後、それでは荊州は劉備のものになったかというと、そうは簡単にいかない。孫権もまた、荊州領有をねらっていた。二人の間には、劉備が孫権の妹を妻とするなど、表面上は友好ムードがあったが、裏でのかけひきは激烈であった。そのために劉備が益州に迎え入れられ、ついで成都を占領し、ようやく根なし草の境涯を脱したとき、劉備が荊州に残してきた関羽は孫権によって殺され、荊州は呉《ご》の領有となり、天下三分の形勢は確定したのである。

長江の古戦場をたどる

さて、三月三十一日午前六時、まだ夜の明けぬなかを、私たちを乗せた〝東方紅一二三輪〟は、重慶《じゅうけい》の埠頭《ふとう》から宜昌《ぎしょう》に向かって出航した。一泊二日、三十六時間の船旅である。

この同じ長江（揚子江）の水を、劉備も章武《しょうぶ》二年（二二二）二月、軍隊を引きつれ宜昌（当時は夷陵《いりょう》といった）まで下っている。関羽の仇《あだ》を討つために、多くの反対を押し切っての出撃であった。彼は最初この重慶で張飛と落ち合う手はずを整えていたが、張飛は出発直前、部下の手にかかって暗殺されてしまい、盟友を二人まで失っての出陣となった。

大軍を率いた劉備が、名だたる三峡《さんきょう》の急流を、どれほどの日数をかけて下っていったのかはわからないが、一月に成都を出発し、閏《うるう》六月には夷陵で呉の陸遜《りくそん》の率いる軍隊と戦って敗れている。

重慶ではずいぶんと川幅も広かった長江も、三峡では手をのばせば対岸に届くほどの狭さとなってしまう。三峡は守るにはよいかも知れぬが、ここから出て下流の平野を攻めるには、条件はよほどむずかしいようだ。劉備は巫山《ふざん》から夷陵の間に、七百里にわたって陣を築いたが、陸遜の火攻めにあって大敗し、白帝城《はくていじょう》に退いた。この戦いでは第三者の立場にあった曹丕《そうひ》は、

「劉備は兵法を知らぬ奴よ。七百里にわたって営を築いて敵を防ぐものがあるものか」といって批評したというが、あの地形ではそうせざるを得なかったのではなかろうか。ちなみに船中で私がもらった「長江主要港口間里程表」では、巫山〜宜昌は一六七キロメートルとあった。

ところで、私たちの船は重慶を出てまる一日たった四月一日の午前七時に、奉節《ほうせつ》を出航した。ここはいにしえの夔《き》州で、長江を下る場合には三峡の入り口となるが、奉節の埠頭《ふとう》を離れると、やがて船の左手の山上に、白帝城を望むことができる。現在の建物はもちろん三国時代のものそのままではないが、白帝城こそ、劉備が孔明に、

「もし息子が輔《たす》けるに値するものなら、輔けてやってくれ。もし才能がないのなら、君自ら取るべし」

と後事を委嘱《いしょく》し、また二人の息子を呼び、

「父が死んだら、丞相《じょうしょう》（孔明のこと）を父と思って仕《つか》えよ」

とさとし、息を引きとった所である。章武三年（二二三）四月二十四日のことであった。

劉備の墓に詣でる

白帝城に没した劉備の遺体は、成都に運ばれてその地に葬られた。私たちはすでに成都

に到着した翌日の午後、劉備を葬った恵陵《けいりょう》を訪れていた。それは皇帝の陵墓としては決して大きいものとはいえなかった。「漢昭烈帝之陵」と彫った石碑が立てられている。そして恵陵と並んで、孔明を祠《まつ》る武侯祠《ぶこうし》がある。むしろいまではこちらのほうが有名である。

成都の武侯祠を有名にしたのは、なんといっても唐の詩人杜甫《とほ》の作った、あの「丞相祠《し》堂《どう》いずくにか尋ねん。錦官《きんかん》城外柏森森《はくしんしん》」に始まる「蜀相《しょくしょう》」の詩であろう。

丞相祠堂は、この詩を彷彿《ほうふつ》とさせるたたずまいのなかにあった。孔明の像は、息子の瞻《せん》、孫の尚《しょう》を左右に従えて、境内の一番奥の堂の中央に安置されている。そしてこの堂の前面には、劉備玄徳の像が、これまた関羽・張飛を脇士として安置されており、それぞれは子や孫を左右に従えている。

さらに左右の回廊には、左側に蜀《しょく》の文臣、右側に同じく武将の像が十四人ずつ並んでいた。龐統《ほうとう》・法正《ほうせい》・趙雲《ちょううん》・馬超《ばちょう》など、なじみ深い像が並んでいる。

孔明の〝北征〟への道

さて、丞相祠堂を訪れた日の午前中、私は成都から新都への道を走るバスのなかにいた。「三国志」とは関係ないが、新都の奉光寺を見学するためである。道の両側には成都盆地の肥沃《ひよく》な農村風景が広がっていた。菜の花の黄色が目を射るばかりであった。

この街道は、遠く蜀《しょく》の桟道《さんどう》を経《へ》て、西安にまで通じているのであり、孔明は劉備の死後、魏《ぎ》を撃つべくいくどかこの道に歩を進めていたのである。魏を倒して劉氏の天下を回復することが、孔明の生命をかけた願いであった。そして魏では、司馬《しば》懿仲達《いちゅうたつ》が、孔明のライバルとして頭をもたげてきていた。

建興《けんこう》五年（二二七）、孔明は、

「臣亮《りょう》が申しあげます。先帝は漢室復興の大事業をお始めになり、その事がまだ半分も終らぬうちに、中途でおなくなりになりました」

に始まる「出師《すいし》の表」を、後主劉禅《りゅうぜん》にたてまつって、最初の北征に出発した。信任する部下の馬謖《ばしょく》も同行している。

孔明が「出師の表」をたてまつって成都を出発したのは、旧暦三月のことであった。そして馬謖が成都の春景色を見るのは、これが最後になってしまった。翌年かれは街亭《がいてい》の戦《いくさ》で孔明の下知《げち》にそむいて、山上に陣を敷き、それが原因で戦に敗れ、孔明は軍律をひきしめるために、泣いて馬謖を斬《き》った。

やがてその孔明も、建興十二年（二三四）二月に、第四回目の北征に出て、半年後の八月、五丈原《ごじょうげん》に没してしまった。

現代に生きる「三国志」

さて、これまで述べてきた話のなかで、すでにお気づきの読者も多いと思うが、「三国志」には、私たち日本人にはすっかりなじみになっている故事・成句がふんだんに登場する。

劉備と関羽・張飛が、生まれたのは別でも死ぬのはいっしょと誓った「桃園《とうえん》の誓い」――これは後に述べるように、必ずしも歴史事実ではないが、「三国志」といえば、すぐに思い出されることがらである。

また自分の能力を発揮する場を与えられぬときに、「髀《ひ》肉《にく》の嘆《たん》をかこつ」などというが、これは先にも述べたように、劉備が荊《けい》州の劉表のもとにあって、久しく戦争に出陣することもなく、内ももにぜい肉がついたのを嘆じたことから出たのである。

「三顧《さんこ》の礼」は、いうまでもなく、劉備が孔明を迎えたとき、三度訪ねて出馬を要請したことを指すのであるが、現在でもしばしば使われる言葉である。なお中国では人に誘われた場合、二回は断わり三回目に腰をあげることが、孔明ならずとも古今を通じてみられることであり、三という数字に一つの意味を持たせるようである。

ついでにいえば、「出廬《しゅつろ》」（世間からかくれていた人が、再び世に出ていく）も、孔明が劉備に招かれ、隆中の草廬から出かけていったことから出た言葉である。

さて、孔明は劉備に仕《つか》えると、劉備から非常に重要視され、いつもその側をはなれなかったので、関羽や張飛が劉備に文句をいうと、劉備が「私と孔明とは水と魚のようなものだ」と答えた。それで君臣間が非常に密接なことを「君臣水魚の交り」といい、また一般に、きわめて親しい交際を結ぶことを「水魚の交り」という。

「泣いて馬謖《ばしょく》を斬《き》る」は、孔明が軍律をひきしめるために、寵愛《ちょうあい》していた馬謖を斬り、涙を流したことから始まって、いまでも愛する部下を心ならずとも処分するときに使う。

その馬謖は五人兄弟の末っ子であった。馬氏の兄弟はそろって秀才であったが、謖のすぐ上の兄馬良はとくにすぐれた人物で、眉に白毛があった。そこで人々は、「馬氏の五人兄弟中、白眉《はくび》がもっともよい」と噂したので、いまでも、多くの中で、もっとも優秀なものを「白眉」というのである。

「死せる孔明、生ける仲達を走らす」。この言葉は、あまり日常の会話などには使われないが、やはり「三国志」を語れば、誰しも口のはしにのぼってくる言葉であろう。

五丈原で孔明が死んだ後、仲達（司馬懿《い》）は退却する蜀軍を追おうとするが、蜀の反撃に会って、孔明は死んだというがほんとうはそうみせかけているだけではないのかと疑い、逃げだしたので、土地の人が「死せる孔明、生ける仲達を走らす」といってはやしたてたという。

まだまだあるだろうが、このように私たちが日常なにげなく口にする言葉の中に、「三国志」に由来するものが多い。それだけ「三国志」は、私たちの身近にあるということができよう。

しかし、私たちはこれらの言葉の裏には、人々のはげしい愛憎と葛藤《かっとう》があったことを知らねばならない。また、この時代の中国は、四百年間続いた漢王朝が倒れようとしており、人々はいつその下敷になるかも知れぬという恐れを抱いていた。それだけに人々は、漢にかわる新しい秩序を建てるべく奔走《ほんそう》し、その道をさぐりつづけたのである。

こうした時代の大転換期が生んだ壮大な人間ドラマが「三国志」の世界である。私は本書の中に、そのいくつかを選んで書きつらねてみようと思うが、まず『三国志』という書物の成り立ちから、みていきたい。

I

「三国志」の誕生と流布

張飛

劉備

関羽

歌舞伎に出てくる「三国志」

「助六所縁江戸桜《すけろくゆかりのえどざくら》」といえば、歌舞伎十八番の中でも「勧進帳《かんじんちょう》」と並ぶきわめつけであり、華やかな舞台が目に浮かんでくる。その中に次のような場面がある。

助　六「うぬがやうな安い野郎を誰が知るものか」

門兵衛「こいつがこいつが。畏《おそ》れ多いことをぬかすな。俺を知らねえとぬかすからは ムウ 聞えた。今日が吉原へ宮参りか。コリヤ 赤子に聞かせると疱瘡《ほうそう》の呪禁《まじない》になる。耳の穴をかっぽじってよく聞けよ。是にござるが俺が親分、通俗三国志の利者《きけ》関羽、字《あざな》は雲長。髭《ひげ》から思ひ付て髭の意休《いきゅう》。その烏帽子《えぼし》に関羽のかんを取って、かんぺら門兵衛ぜぜ持だわ」

あの髭の関羽の名が出てくるのであるが、「通俗三国志」とは、おそらく湖南文山《こなんぶんざん》が訳した『三国志演義』をさすのであろう。

湖南文山は、京都天竜寺の僧義徹《ぎてつ》、弟の月堂《げつどう》のことで、元禄《げんろく》二年（一六八九）に『三国志演義』を翻訳し、『通俗三国志』と名づけた。

ところで、ここに引用した「助六」の台本は、文化八年（一八一一）二月に江戸市村座で上演されたものだが、「助六」の初演は正徳三年（一七一三）三月、江戸山村座であるという。それは湖南文山の訳が出てから、わずか二十年ほど後のことである。もし初演のときから門兵衛のセリフが変っていないとすれば、『通俗三国志』が、出版当初からいかによく読まれていたかが推察できる。

人気を博する登場人物

歌舞伎十八番といえば、いまは上演されなくなっているが、その名も「関羽《かんう》」というのがある。「助六」初演より二十四年後の元文二年（一七三七）に河原崎座で上演された。平家の大将悪七兵衛景清が、張飛の姿となって源範頼《のりより》の管絃《かげん》の席に忍び込もうとすると、関羽に扮した畠山重忠がこれを見顕《あら》わすというものであった。

昭和四年（一九二九）に岡鬼太郎の脚本で復活したが、これは謡曲「大仏供養」に題材を取っている。役人替名《かえな》に「景清実は関羽」とみえ、その発端《ほったん》の場面に、和州（大和）の暗《くらがり》峠にある関帝廟《かんていびょう》が使われている。

いったい関帝廟とは関羽を祭った神社のようなものである。中国では唐のころから、関羽は武神として、さらには財神として、また伽藍神《がらんしん》（寺院守護神）として、人々の尊崇を受け、各地に関帝廟が作られるようになった。後に述べる『演義』の起こりとほぼ時を同じくするのは注目される。

ところで、わが国では足利尊氏《あしかがたかうじ》が吉夢をみて、中国から関羽像を求めて、京都の大興寺に安置したのが、関羽を祭る始まりであるようだ。足利尊氏は天竜寺船《てんりゅうじ》を出して、中国の元《げん》と通交をしていた。いま京都の吉田山の東麓《ろく》、和泉式部の〝軒端《のきば》の梅〟で有名な東北院にも関帝像があり、宇治の万福寺、長崎の唐三ヶ寺（崇福寺・興福寺・福済寺）や聖福寺にも関帝像が祭られている。

これらはいずれも江戸時代からのものであるが、明治になって、華僑の多く住む神戸・横浜にも関帝廟が作られるようになった。

関羽・張飛とくれば、諸葛孔明《しょかつこうめい》である。

「祁《き》山、悲秋の風更《ふ》けて
陣雲《じんうん》暗し五丈原」

に始まる土井晩翠《つちいばんすい》の「星落秋風五丈原」は、いまはこうした七五調の詩を誦することも少なくなり、読む人もわずかになったかも知れぬが、孔明の生涯を格調高く歌いあげている。

一方かれの生涯を、史書の『三国志』に見える列伝の記述にそって評伝しようとしたのが、内藤湖南《こなん》の『諸葛武侯』であった。これは惜しくも劉備《りゅうび》の即位、すなわち孔明の前半生までで終ってしまい、未完の書であるが、孔明を歴史的に評価しようとする最初のものであったといってよいであろう。

一方、最近中国で行なわれた曹操再評価の論戦も、曹操を史実にもとづいて評価しようというもので、『演義』に見られる曹操像とは違った人物像に迫ろうとした。日本では吉川幸次郎『実録三国志』が、文学者曹操の再評価を行なっている。

ルーツは陳寿《ちんじゅ》の『三国志』

ＮＨＫテレビの人形劇「三国志」は、好評のうちに、一九八四年の三月末で終った。あの人形劇をきっかけに、「三国志」に興味を持ったという世代ができあがったわけである。私のように昭和ひとケタ生まれから、その前後の世代のものは、「三国志」といえば、吉川英治の『三国志』を反射的に思い出すのではなかろうか。しかし、人形劇三国志も、吉川三国志も、その流れ出るもとを尋ねてゆくと、『三国志演義』にゆきつくのであり、さらにその『三国志演義』は、史書の『三国志』にそのルーツを求められるのである。

邪馬台国《やまたいこく》の女王卑弥呼《ひみこ》の使者が、魏《ぎ》の朝廷を訪れるより数年前、蜀《しょく》の国で陳寿（二三三～二九七）が生まれた。

陳寿の父親は馬謖《ばしょく》の部下であったので、馬謖が斬られたとき、かれも連座させられた。そして陳寿自身も孔明の子供諸葛瞻《しょかつせん》から軽く見られていた。陳寿は瞻の七歳年下であり、孔明父子と陳寿父子は二代にわたって確執《かくしつ》があったのである。

陳寿が三十歳のとき、蜀は滅び、晋《しん》に仕えることとなった。かれはやがて史書の『三国志』を著わすことになるが、この書は、魏・呉・蜀三国の中では魏を正統の王朝とし、孔明に対しても、陳氏と諸葛氏の葛藤《かっとう》があったから、からい評価を下したなどといって、評判の悪かったこともあった。しかし、その内容を見ると、数多くの史料に目を通し、厳密な検討をこれに加えて、取捨選択を行なっており、その記述は充分に信用でき、『史記』『漢書《かんじょ》』に並ぶ中国の史書の名作に数えられてよい。

現在、三国時代の歴史を知ろうと思えば、この書を唯一のよりどころとせねばならない。『三国志』は六十五巻より成っており、魏志三十巻、蜀志十五巻、呉志二十巻に分れる。いずれも後漢の末より筆を起こしている。

裴松之《はいしょうし》の「注」の出現

陳寿が『三国志』執筆にあたって切り捨てた史料のなかには、あきらかに歴史事実とは認めかねるものも含まれていた。それらの記録はしだいに人々の目に触れないようになり、消滅していく運命にあったし、事実多くのものが消滅してしまった。しかし、さいわいなことに、そのあるものは、陳寿の『三国志』に対する注に採り入れられて、現在にまで残されることとなった。

『三国志』に注を加えたのは、陳寿より百五十年ほど後輩の裴松之《はいしようし》（三七二～四五一）である。裴《はい》氏は、かれの子裴駰《いん》が司馬遷の『史記』に注釈をほどこし（『史記集解』）、曾孫の裴子野《しや》は南朝宋の史書『宋略』を作るなど、歴史家をつぎつぎと生み出している。

裴松之は二百種類に余る書物のなかから、『三国志』に関する記事を拾い集めて、陳寿の書に注をほどこした。そのなかには、魚豢《ぎよかん》の『魏略』のように、陳寿がおおいに参考にしたものもあれば、呉の人が敵国である魏の曹操《そうそう》のことを悪くいおうとして作った『曹瞞《そうまん》伝』といったものもある。曹操の幼名を阿瞞《あまん》といったが、瞞とは〝うそつき〟〝ごまかす〟の意味である。

このほか、当時、数多くの別伝・異伝の類が作られて、個人の伝記を伝えていたが、それらが裴松之の注によって一部分ではあるが後世にまで残されることとなり、さらには、小説『三国志演義』を生み出す、いわば酵母《こうぼ》の役割を果たすことになる。

『三国志演義』成立の前史

『三国志演義』の作者は、羅貫中《らかんちゆう》（羅本《らほん》）である。かれは元《げん》末・明《みん》初（十四世紀）に活躍した人としかわからないが、『演義』のほかにも『隋唐両朝志伝《ずいとうりようちようしでん》』『残唐《ざんとう》五代史演伝《えんでん》』『平《へい》妖《よう》伝』などの作品もあり、『水滸《すいこ》伝』の制作にも関係しているとされる。その上、戯曲の作者でもあった。

ところで『三国志演義』は十四世紀に至り、にわかに成立したものではなく、その成立には長い前史が存在する。

羅貫中が戯曲作者でもあったということを述べたが、元の時代は中国の戯曲史においては、非常に重要な時期であり、中国戯曲の草創期といってさしつかえないであろう。

元の時代の戯曲を「元曲」というが、「元曲」には歴史に題材をとった作品がたくさんあり、そのなかには三国時代に取材したものも当然含まれている。

今日にその内容が伝わるものとして「連環計《れんかんけい》」「隔江闘智《かくこうとうち》」などがあり、外題《げだい》だけのものとして「関《かん》大王単刀会《たんとうかい》」「七星壇孔明祭風《しちせいだんこうめいさいふう》」などがある。またこれら三国志物の外題の中には、「諸葛亮《しょかつりょう》 博望《はくぼう》小屯《しょうとん》」「諸葛亮秋風五丈原」「関雲長千里独行」など演義の回（回については二九ページ参照）の題目と同じものもある。元曲の外題と演義の回の題目が同じだということは、『三国志演義』が元曲から影響を受けていたことを示すであろう。

それでは三国時代に題材をとった小説で、『三国志演義』より古いものはないのかといえば、『全相《ぜんそう》三国志平話《へいわ》』というものがあって、これが小説としては一番古いものとされる。この本はやはり元の時代、至治《しち》年間（一三二一～一三二三）に出版された。わが国でいえば後醍醐《ごだいご》天皇の時代であるが、正中《しょうちゅう》の変のおこったころで、鎌倉幕府滅亡の直前にあたる。「全相《ぜんそう》」というのは、絵入りといった意味である。この書物は全部上下二段に分れ、上段に絵、下段に文字を書く形式をとっている。また「平話」というのは、話本とでもいうべきもので、講談の種本《ねた》である。講談師がその師匠から口伝えに伝えてきたものを文字に書き取り、挿絵を添えて出版したものであろう。

そのせいか、文字には当て字が多く、俗語もまざっていて、非常に読みにくいものである。元《げん》初には『五代史平話』も出版されており、一種の流行であったようだ。

「平話」・「元曲」・講談

ところで、『全相三国志平話』の内容であるが、後漢の末から孔明の死までが中心であり、晋《しん》による統一がつけ加わっていて、『三国志演義』とほぼ一致し、私たちが三国志という言葉から連想する有名な場面はおおむねそろっているが、量の面では『平話』は『演義』の十分の一にすぎない。ただ、両者の間には二点だけ非常に異なったところがある。

第一は、その発端の部分である。司馬仲相《しばちゅうそう》なるものが出てきて、夢の中で冥土《めいど》に行き、裁判をする。原告は漢の高祖劉邦《りゅうほう》の臣でありながら、漢の建国後劉邦と皇后呂《りょ》氏によって非業《ひごう》の死に追い込まれた、韓信《かんしん》・彭越《ほうえつ》・英布《えいふ》であり、被告はもちろん劉邦と呂后である。

そして裁判の結果、韓信は曹操、彭越は劉備、英布は孫権、劉邦は献帝、呂后は伏皇后にとそれぞれ変身し、曹操実は韓信らが、漢の天下を分け取りにする。また司馬仲相も長年の疑獄を解決した功績によって、司馬懿《い》(仲達《ちゅうたつ》)に生まれかわるというのである。

第二は終末の個所で、蜀が亡んだ後、後主劉禅《りゅうぜん》の外孫劉淵《えん》が北に逃れ、兵を起こして司馬氏の晋《しん》を滅ぼし、漢の仇《あだ》を討つという一節がつけ加えられていることである。西晋が四世紀に入り、永嘉《えいか》の乱によって滅亡すること、匈奴《きょうど》の劉淵が前趙《ちょう》を建てたことなどは事実であるが、劉淵が劉禅の外孫であるなどというのは、まさしく〝講談師見て来たような嘘をつき〟である。

このように、歴史事実とは異なっているが、ここにあげた二つの点は、仇討ちの思想と、因果応報・転生という仏教的な思想を示すもので、『平話』が成立した当時の世風を反映しているのであろう。

それでは『三国志平話』と元曲との関係はどうなのであろうか。元曲の内容はだいたいは平話と同じであり、人名のあて字のような細部まで両者は一致しているので、平話以外に、別種のテキストを元曲の種本に想定するのは不可能であるとされている。

『平話』が『三国志演義』のもとの型であり、その『平話』は講釈師の種本から出発しているのであるが、その名残《なごり》は内容だけでなく、形式の面にも見ることができる。

それは『三国志演義』が、「第四七回　闞沢《かんたく》は密《ひそ》かに詐《いつわ》りの降書を献じ、龐統《ほうとう》は巧みに連環《れんかん》の計を授《さず》く」「第四八回　長江に宴《うたげ》して曹操詩を賦《ふ》し、戦船を鎖《つな》いで北軍、武を用う」「第四九回　七星壇に諸葛風を祭り、三江口に周瑜《しゅうゆ》火を放つ」というように、回を数える形をとっているところに見られる。これは講釈師が、一回分ずつを区切って語っていたからで、『三国志演義』の各回の終りは必ず、

「はたして周瑜の命はいかがあいなりましょうか。それは次回をお聞き下さい」（第四八回）

というようにお定りの文句で終っている。

それからもう一つ、『三国志演義』は散文で書き進められているが、ところどころに詩や詞《はうた》がはさまってくる。戦争の様子を述べたり、大将がさっそうと登場したり、美女が現われたりするときに、詩や詞をはさむ手法をとるのである。

「董卓は貂蟬《ちょうせん》のあでやかな顔《かん》ばせに目をとめ、「この女は何ものじゃ」と問い、王允《いん》が「歌い女《め》貂蟬でございます」と答えると、董卓「歌はうたえるか、どうじゃ」といったので、王允は命じて紫檀《したん》の拍子木をとりつつ、か細い声に一曲をうたわせた。これこそ、

一点の桜桃《おうとう》、絳《あか》き唇《くちびる》を啓《ひら》けば

両行の砕玉《さいぎょく》陽春を噴《ふ》く
丁香《ちょうじのはな》にもにたる舌はまがねの剣を吐き
斬らんと要《ほっ》す。姦邪《かんじゃ》国を乱るの臣を

というところ、董卓は賞讃の声をやめなかった」（第八回）
これなども、講釈するときに色をつけて語る上に必要だったのであろう。

宋代の講談（説話）の流行

では、中国で講談はいつごろからさかんになり、講談のなかで、三国志物がどのように扱われていたのだろうか。

中国では唐末、八〜九世紀のころから、産業の発達とともに、商業の形態も変ってきた。それまでは特定の区域で、時間をきめてしか市場は開かれなかったが、自由に売買ができ、地方にも商業都市が現われるようになったのである。

それとともに、市には庶民のための娯楽センターもできるようになる。北宋の首都開封《かいほう》の繁栄のありさまを記した孟元老《もうげんろう》の『東京夢華録《とうけいむかろく》』には、瓦子《がし》という演芸場の集まった所があり、傀儡《あやつり》人形・軽業《かるわざ》・相撲・影戯《かげえ》等々、多種類の芸能が行なわれ、人気の高い嘌唱《うた》弟子《うたい》（流行歌手）なども出たとある。

この芸能の中に「説話」というものが数えられているが、これこそ現在の講談にあたるもので、説話を生業《なりわい》とする人を「説話人」と呼び、かれらの中にはいろいろ得意とするレパートリーがあったようで、「説三分《さんぶん》」「説五代史」といった名称が挙げられる。そして「説三分」こそ天下三分の時代に題材をとったもので、『三国志平話』のルーツということになろう。

それでは「説三分」では、どのようなネタが釈台に載せられていたかというと、具体的に知ることはできない。しかし、蘇東坡《そとうば》の著わした『東坡志林《とうばしりん》』を見ると、

「私に知人の王彭堂《ほうどう》が話してくれたことがある。「町中《まちなか》では子供がやんちゃをして、家のものが困ると、銭《ぜに》をやって寄席に講釈を聞かせにやる。三国のことを語るに至り、劉玄徳が敗れるのを聞くと、しきりに眉をひそめて涕《なみだ》を出すものがあり、曹操が負けるのを聞くと、喜んで快哉《かいさい》を唱える」と。このことから君子小人の影響は永久に亡びないことがわかる」

といっている。蘇東坡は十一世紀後半の人であるから、このころには、やんちゃな子供までが劉備に同情し、曹操を憎んでいることがわかり、劉備＝善玉、曹操＝悪玉といった『三国志演義』にみえるパターンができあがっていたようである。

それにこの文中にも、劉備は劉玄徳と字《あざな》で呼ばれるのに、曹操は曹操と諱《いみな》で呼ばれてい

るところにも、当時の人々の二人に対する感情の違いがうかがえる。

唐代に源流をさぐる

宋代の「説話」など大衆芸能の源流は、唐代玄宗《げんそう》朝のころ（八世紀）から、仏教寺院で行なわれたお説教の一形式「経変《きょうへん》」にあるといわれる。仏教の経典《きょうてん》の内容を一般の信者にわかりやすく説き聞かそうとして考え出されたもので、絵を描き（経変画）、絵解きの形をとることもあった。その意味では、『全相平話』の原型でもあるといえよう。そして視覚と聴覚の両方に訴えるという点では、まさにNHKテレビの人形劇「三国志」にもつながってくる。

それはさておき、「経変《きょうへん》」が経典を離れて、歴史や故事などを扱うようになると「俗講《ぞくこう》」となり、これらを文章に移すと「変文《へんぶん》」となるが、十九世紀の末から二十世紀にかけて、敦煌《とんこう》から唐代の変文が発見された。しかし変文の中には、前漢の後宮の美女で、匈奴《きょうど》にとつがされた悲劇の女性王昭君の話などはあるが、「三国志」を題材にしたものは見出されていない。また唐代には別に小説も書かれているが、やはり三国志物はでてこない。

ただ九世紀には、『演義』の源流と考えられる二つの資料を見出しうることが、すでに多くの人によって指摘されている。一つは段成式《だんせいしき》が著わした『酉陽雑俎《ゆうようざつそ》』の中に、大和《たいわ》末年（八三五ころ）、かれの弟の誕生日に雑戯《ざつぎ》（大衆芸能）を見た。雑戯の中に市人の小説があったと書いている。小説とは説話のようなものであろう。しかし、それが三国志物なのかどうかはわからない。

もう一つは、唐末の詩人李商隠《りしょういん》（八一二〜八五八）が、自分の子供を詠《よ》んだ「驕児詩《きょうじのし》」（わんぱく坊や）である。かれは、清少納言の『枕草子』に大きな影響を与えているといわれる『雑纂《ざつさん》』の著者でもある。さて、その詩の一節に、

「あるいは張飛のひげを笑い、あるいは鄧艾《とうがい》の吃《きつ》を笑う」

とある。張飛・鄧艾ともに、「三国志」の英雄豪傑であることはいうまでもない。そして鄧艾が吃音者であったことは、すでに正史の中に見えている。一方、張飛がひげづらであることは正史には見えない。しかし『演義』には張飛の容貌を「燕のおとがい、虎のひげ」とはっきりと書いている。そうすると張飛のひげづらは、少なくとも九世紀には定着していたようである。

こうして九世紀まで『演義』の源流を溯《さかのぼ》ってきたが、ここから先は溯行《そこう》不可能である。裴松之《はいしょうし》の注に見られる「稗史野乗《はいしやじょう》」と後世の説話とをどのように結びつけるか、今後の課題である。

『三国志』と『演義』の普及

つぎに、『演義』成立以後、それがどう普及していったか。とくにわが国での『演義』の読まれ方に少し触れてみよう。

現在見ることのできる『演義』の、もっとも古い刊本は、羅貫中《らかんちゅう》の死後約百年をへた、明《みん》の弘治《こうち》七年（一四九四）の序があるもので、「弘治本」と呼ばれているが、実は嘉靖《かせい》三年（一五二四）の出版といわれる。その後も何種類かの刊本が存在するが、その中には万暦《ばんれき》年間（一五七三〜一六二〇）の『李卓吾《りたくご》批評三国志』などがある。ただし李卓吾がほんとに批評を下したのか否か疑問視されている。

清《しん》代に入って、毛宗崗《もうそうこう》の批評を加えたものがもっとも流行し、「毛本」と呼ばれる。毛本において回の分け方にまとまりがつき、裴松之の注などに見える逸話をできるだけ多く盛り込み、『演義』の形が最終的に完成した。

毛本のできたのは康熙《こうき》八年（一六六九）ごろといわれる。なお、清朝ではすでに順治《じゅんち》七年（一六五〇）に、満州人の兵隊のために、祁充格《きいんかく》らが満州語に翻訳し、内府から出版して軍事用の教科書とした。

一方、陳寿の『三国志』は早くからわが国に伝えられ、読まれていた。八世紀初頭に編《へん》纂《さん》された『日本書紀』は、神功《じんぐう》皇后紀に三回にわたり、注の中で「魏志倭人伝」を引用している（三十九年、四十年、四十三年）。また『続日本紀《しょくにほんぎ》』の称徳《しょうとく》天皇、神護景雲《じんごけいうん》三年（七六九）十月に、太宰府《だざいふ》学に『史記』『漢書』『後漢書』『三国志』『晋書』各一部を賜ったという記事が見える。

さらに降って平安時代になると、寛平《かんぴょう》三年（八九一）ごろ藤原佐世《すけよ》が編した『日本国見在《げんざい》書目録』に、『三国志』の名が見え、藤原通憲《みちのり》（一一〇六～五九）の蔵書の中に『魏呉蜀志』があったと見えるが、これは『三国志』のことであろう。さらに藤原頼長《よりなが》（一一二〇～五六）の日記『台記《だいき》』の中に、かれが『三国志』を読んだことを記している。

諸葛孔明の「出師《すいし》の表」は『文選《もんぜん》』（六世紀、南朝梁の昭明太子が編纂した詩文集）の中に収められていたから、『三国志』を読まぬ人も、『文選』を通じて「出師の表」を見たであろう。清少納言をまつまでもなく、『文選』は白楽天の『白氏文集』と並んで、平安時代の貴族文人の必読書であった。

時代が降《くだ》って、『太平記』が作られたのは、中国で元から明への交代期、すなわち『三国志演義』が作られたころにあたる。この書の中にも、いくつかの中国の故事の引用がある。そのひとつに「義貞夢想事《よしさだむそうのこと》。附諸葛孔明事」（巻二十）がある。

これは「三顧《さんこ》の礼」の故事をまず紹介し、劉備と孔明が「君臣水魚の交り」を結んだことを記し、さらに曹操が司馬仲達を遣わして劉備を攻めると、劉備は孔明を五丈原に差し向けたと述べ、五丈原における孔明の死、そして「死せる孔明、生ける仲達を走らす」に及んでいる。

傍点の部分は事実とは異なっているが（司馬仲達を遣《つか》わしたのは曹操の孫明《めい》帝であるし、孔明を差し向けたのは劉備の子後主劉禅である）、鎌倉・室町時代にかけて、日本の知識人の教養の中に、『三国志』のあったことがわかる。

広く流布した翻訳・翻案

この章の最初の方でも述べたように、『三国志演義』の翻訳は、湖南文山の手で行なわれたが、これは中国小説の翻訳としても、もっとも早いもののひとつであるようだ。湖南文山は李《り》卓吾《たくご》評本をもとにしたとされる。
天保《てんぽう》時代（一八三〇～四三）に頼山陽《らいさんよう》の序、葛飾北斎《かつしかほくさい》の第一の弟子葛飾戴斗《たいと》が挿絵を描いた『絵本通俗三国志』も出版され（一九八二～八三年、『絵本通俗三国志』第三文明社）、明治に入って、帝国文庫本、大正時代には有朋堂文庫本があり、「三国志」のイメージを多くの日本人に植えつけた。

毛本による訳書には、古く明治末に久保天随『新訳演義三国志』があったが、その後、小川環樹・金田純一郎訳『三国志』(岩波文庫)が出た。その他、柴田天馬訳『定本三国志』、村上知二訳『完訳三国志』などもある。立間祥介訳『三国志演義』(平凡社)は、中国の作家出版社本(一九五七年)を用いているが、これは毛本により、弘治本を参照して新たに校訂したものである。

以上は『演義』の翻訳であるが、『三国志』あるいは『三国志演義』によりながら、作者の創見を入れて新しい境地を開いたものに、この章の冒頭に記した吉川英治『三国志』があり、戦後には柴田錬三郎(『英雄ここにあり』)、陳舜臣(『秘本三国志』)の作品があり、横山光輝による漫画もある。

中国においても『演義』はやはり人々に愛読されているようで、連環画《れんかんが》(日本の劇画のようなものである)なども、地方の露天の書店などにまで並べられていたのを旅行中に実見した。なお、「連環画三国志」も陳舜臣の監訳がある。

II 「三国志」の時代

呂布

貂蝉

董卓

「黄巾《こうきん》の乱」始まる

時は後漢の末、政治は乱れ、人々がその日のくらしにも困りはじめたころ、

「甲子《こうし》」

首都洛陽《らくよう》の役所の門や、地方の官庁の壁に、白土でこの二文字が書きなぐられ始めた。

それまでも、

「蒼《あお》い天はもう死んだ。黄いろの天が立つはずだ。

歳《とし》は甲子に在り。天下大吉」

との噂が飛びかっていたが、この二文字があらわれたことは、いよいよ王朝の交代が間近にせまったことを人々に感じさせた。一九八四年も甲子の年（干支《えと》の組合わせは六十年で一回りする）であるが、ここにいう甲子はちょうど三十回り、千八百年前の甲子の年をさしている。

干支の最初の組合わせにあたる甲子の年には、何か大異変がおこると人々は信じていたので、新興の宗教太平道《たいへいどう》の指導者張角《ちょうかく》は、このときにあたって兵を起こし、混乱した世を救おうと考えたのであった。

蒼《あお》とか黄とか色の名前が出てくるのは、中国の人たちが、木火土金水の五行の循環で、

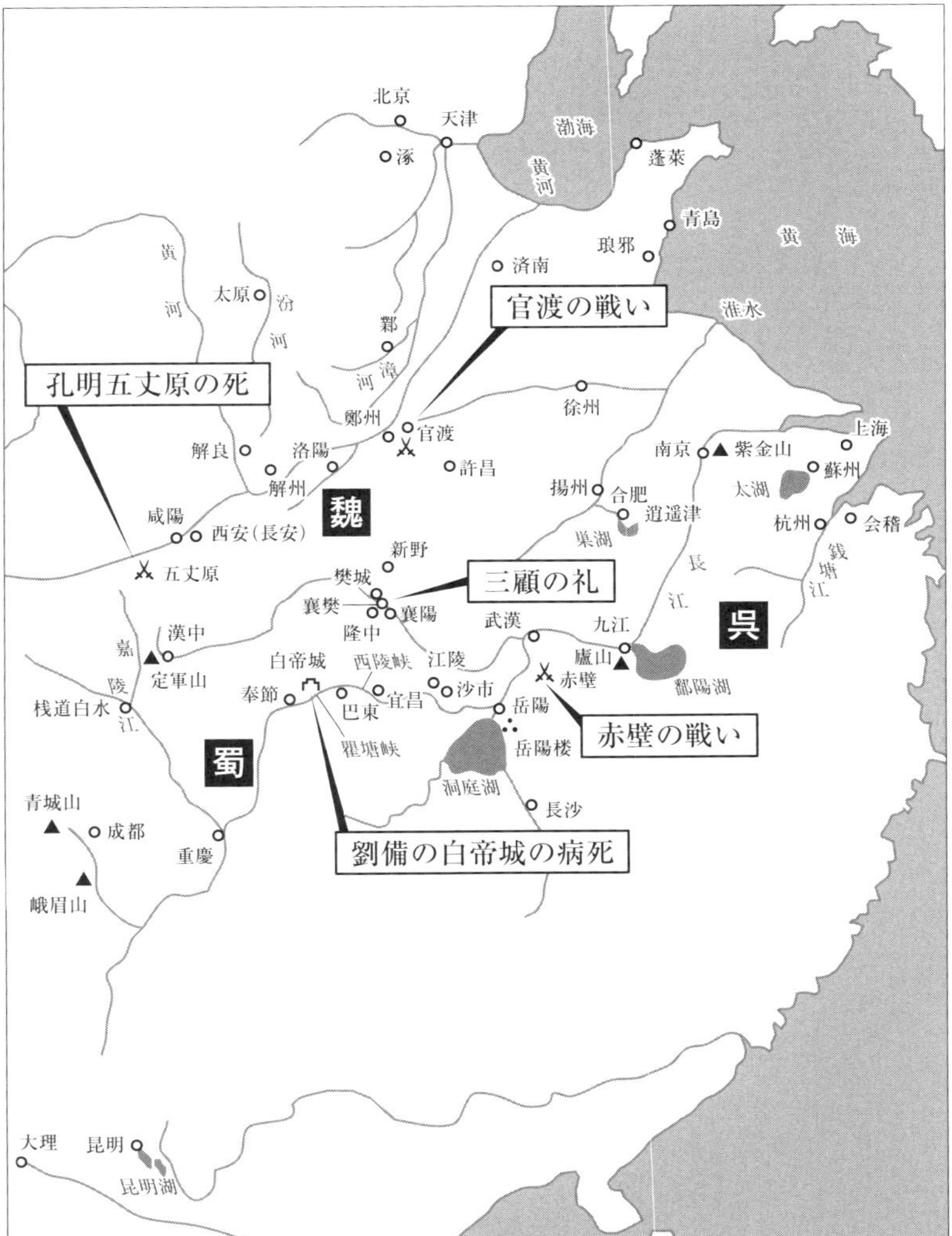
北京
天津
渤海
涿
蓬莱
黄河
青島
黄海
琅邪
済南
黄河
太原
汾河
官渡の戦い
淮水
鄴
漳河
孔明五丈原の死
徐州
鄭州
官渡
上海
解良
洛陽
許昌
南京
紫金山
蘇州
解州
揚州
合肥
太湖
魏
逍遥津
杭州
会稽
咸陽
西安(長安)
巣湖
新野
五丈原
長江
銭塘江
樊城
三顧の礼
襄樊
襄陽
隆中
呉
武漢
九江
漢中
嘉陵江
廬山
白帝城
西陵峡
江陵
定軍山
赤壁
奉節
宜昌
沙市
鄱陽湖
栈道白水
巴東
岳陽
赤壁の戦い
瞿塘峡
岳陽楼
蜀
洞庭湖
青城山
長沙
成都
劉備の白帝城の病死
重慶
峨眉山
大理
昆明
昆明湖

「三国志」関連地図

宇宙のあらゆる現象を説明しようとしたとき、五行に配当される色は蒼（青）、朱（赤）、黄、白、玄（黒）としたからである。そして王朝の交代も五行の循環で説明できるので、各王朝は五色の一つを、その王朝を象徴する色として持っていた。したがって、蒼は漢の色であり、黄は漢に代って出てくる新しい王朝の色であると考えていたものもあった。

　だから魏は王朝を開くと、まず黄初という年号を制定し、呉の最初の年号も黄武とつけた。そして漢をうけついだと考える蜀だけは章武という年号で、黄という文字を使っていない。

　さて、張角は数十万を越える信者たちを、三十六の「方」と呼ぶ組織に組み込んだが、方はいつでも軍隊に転換できるように準備されていた。そしてかれは甲子の年の三月五日をXデーと決め、ひそかに宦官《かんがん》の封諝《ほうしょ》にも連絡をとって、内応を依頼し、着々と準備を進めていたところ、謀《はかりごと》がもれ、急遽二月に起ちあがった。かれらは仲間の目印に黄色のはちまきをしめたので、「黄巾《こうきん》の乱」と呼ばれる。

　これが三国時代の幕あけとなった。三国時代は年表の上では、魏の曹丕《そうひ》が漢の献帝から位を譲られた二二〇年に始まるのだが、実質的には一八四年から三国時代に入ったとみてよい（魏は二二〇年、曹操の子曹丕が漢の献帝から位を譲られて成立した。劉備は翌年、このことを聞いて成都で即位し、蜀漢を建国。孫権もさらにその翌年、年号を立て独立の意を示した）。

それであるから、陳寿の『三国志』は、叙述の筆を後漢の末から起こしているし、『演義』に至っては、その第一回を、

「桃園に宴《うたげ》して、豪傑三人義を結び、黄巾を斬りすてて、英雄首《はじ》めて功を立つ」

と題している。そして劉備が黄巾討伐の義勇軍を募《つの》る高札を見てため息をついていると、張飛がやって来て、

「立派な男が国家のために働こうともしないで、何をため息をつくのだ」

と声をかける。そして二人が村の酒屋に入ると、そこに関羽が入って来て、三人が知り合うことから物語が始まるのである。

太平道と五斗米道《ごとべいどう》

それはともかくとして、黄巾の乱はなぜ起こったのだろうか。その前に、張角がどのようなことを説いていたのか見ていきたい。

かれは病気をなおしてやることを看板にかかげていたが、病の原因はそれぞれが過去に犯した罪にあるとして懺悔《ざんげ》と告白をすすめていた。同じころ巴蜀《はしょく》（四川）の地では、張魯《ちょうろ》やかれの美人の母が五斗米道を説いていた。この教えも太平道とほぼ同じようなもので、

病がなおると、米五斗（一斗は現在の約一升すなわち一・八リットル）を納めさせるので、その名がつけられた。五斗米道には国家への力役に疲れた民が多く入ってきたといわれている。

また、五斗米道では、義舎《ぎしゃ》を建て、義米や義肉をそこに置いて、道を行くものに自由に利用させた。義とは現在でも義捐金《ぎえんきん》などというように使われるものである。これは一種の相互扶助的な目的をもっているが、もし義米や義肉を必要以上に取ると、そのことが罪となって病を引きおこす。

太平道や五斗米道は、信者に符水《ふすい》（おまじないをした水）を飲ませ、『老子道徳経』を誦させたりしたが、これが道教の起源とされる。

大土地所有と豪族

中国では紀元前二世紀の後半、漢の武帝のころから、大土地を私有することが社会問題になり、しばしば土地所有を制限しようとする意見も出されるが、実行されるにはいたらないで、かえって大土地所有の傾向はおし進められていった。これら大土地所有者は、父母・妻子・兄弟からなる家族を中核とし、その周辺にまず血縁につらなるものを集め、さらにその外側に非血縁者を含んでいく。

少しむずかしい話になるが、この時代、父親が死ぬとその子供は、兄弟で財産分けをして別居するのが通常であった。また父の在世中に分財別居すると、それを「生分《せいぶん》」といって、悪徳とされた。しかし別居をしても、いつまでも同族の意識をもち、またそれをもたせるようにもして、その結合は固いものであった。

劉備は序章にも述べたように、若いころ貧乏暮しをしていたが、盧植《ろしょく》先生の私塾に通うことができたのは、同族の劉元起《りゅうげんき》の援助があったからである。元起は自分の息子も同じ塾に学ばせていたが、かれらを分けへだてなく扱い、仕送りをしてやっていた。元起の妻は心の狭い人で、「劉備の家にはその家の家計があるのだから、それほどまでにしなくても」と文句をいうと、元起は、「かれこそわが劉氏のホープである」と答えてとり合わなかった。

この例からもわかるように、家族はそれぞれ独立した家計を営みながら、その中で余裕のあるものは、同族の困窮しているものを助け、一族の繁栄を計ってゆくのである。

劉備とその一族の族的なつながりについては、これ以上はっきりしない。もし劉備が大土地所有者であったなら、根なし草として、荊《けい》州からさらに益州へと流浪することもなかったであろう。

さて、大土地所有者―豪族は、血縁集団の外側に非血縁の集団を含んでいる。大土地を耕作させるための小作人、家内労働に従事する奴隷、あるいは「客」と呼ばれるもの、さらには游民無頼《ゆうみんぶらい》の徒もあった。とくに主人と客たちとの間には、任俠《にんきょう》的な関係が存在していた。任俠的とは、約束は必ず守るという相互信頼に根ざすものであり、心情的な部分が強いようだが、やはり経済的な要素や、客の主《あるじ》に対する将来への期待感が、両者の結びつきの大きな要素となっていた。

社会が混乱してくると、豪族はかれら非血縁者に武装させて自衛するようになり、私兵（「部曲《ぶきょく》」）を養うこととなる。「部曲」という言葉は、もとは軍隊の隊伍を指すものであったが、私兵という意味になり、もっと時代が下ると賤民《せんみん》を指す言葉になる。

任俠的な結びつき

ここで思い出されるのが、劉備ら三人の結びつきである。『演義』では、先にも述べたように酒屋に三人が集まり、その翌日、張飛の屋敷のうらにある桃園で義を結び、同年同月同日に生まれなかったのは是非もないが、願わくは同年同月同日に死にたいと誓い合ったとある。しかしこの誓いは、『演義』ができあがっていった宋代のころの、秘密結社などで行なわれた〝結盟の儀式〟を反映したものだといわれている。たしかにそのとおりなので、『三国志』には裴松之《はいしょうし》の注を含めて、桃園の盟など、どこにも出てこないが、三人が死ぬのはいっしょと約束をしたのは、たしかなことのようである。すなわち任侠的な結びつきがあったのである。

『演義』では、桃園での盟約の翌日、中山の大商人と三人が知り合う筋立てになっているが、現実はそうではなかった。

劉備は最初、男だての少年たちを集め、故郷の涿《たく》を通る中山の馬商人の用心棒のようなことをし、商人たちから資金をもらって組織を維持していた。あたかも企業と総会屋のごときものである。張飛は劉備と同郷の人であるが、若いころ何をしていたのか、どういう家系の人なのか何もわからない。おそらくは男だての一人であったのではなかろうか。

関羽はもと解《かい》(山西省)の人で、涿《たく》郡に亡命してきていた。ところで解には塩池《えんち》があり、古くから塩の産地であったから、関羽は塩商人の用心棒であったとも考えられる。あるいは塩と馬の交易を通して、中山と解は結ばれていたのであろうか。関羽の亡命も商売上の出入りが原因かもしれない。そしてこの三人が部曲《ぶきょく》を統率し、寝るときはベッドを同じくし、兄弟のように交り、死を共にすると誓ったことは『三国志』に記すところである。

豪族の隆盛と農民の没落

さて、話をもとにもどして、これら豪族たちは、「郷里」においてまず力を振るっていた。里とは百家、郷とは万戸からなるとされるが、実際には、郷は一千戸ないし五千戸ほどであったらしい。豪族の中には郷がいくつか集まって構成される「県」を単位に勢力を振るうもの、さらには県の上位にある「郡」の範囲で勢力をもつものが出現する。

かれらはその家柄に応じて、互いに婚姻を通じあい、また官吏の登用法や学校での師弟関係などを利用して、豪族間の結合を重ねていった。

赤壁の戦いを前にして、呉の国内に曹操との戦争を主張するものと、降伏すべしというものと意見がわかれたときに、主戦派の魯粛《ろしゆく》が孫権に次のように説いている。

「いま、私ならたとえ曹操に降伏して故郷に送り返されても、故郷では名門として通っているから、県の役人ぐらいにはなれるでしょう。牛車に乗って従者をつれ、社交界にも入ってゆけます。しかし孫権閣下よ。あなたの家は、武勲によって新たに興ったので、名門とはいえますまい。曹操に降伏したら、どう扱われるかわかりませんよ」

名門とそうでないものでは、世間の扱いがこうも違うようになってきていたのである。それはとりもなおさず、身分の固定化が始まり、貴族化の傾向が進んできたことを示す。

三国時代は、秦《しん》の始皇帝いらいの統一国家が破れ、分裂の時代を迎える転回点にあたり、次の南北朝時代に、貴族制は最盛期を迎えるが、まさに貴族制の曙《あけぼの》の時代であった。このような変革期であったればこそ、個性的な英雄豪傑が出現したのである。

豪族が郷里において勢力を振るうようになると、独立して自営していた農民たちは、しだいにその圧迫を受けるようになる。かれらのあるものは、豪族のもとにその耕作地ごと入っていき、あるものは土地を失って流民となり、故郷を去って流浪していった。

国家のほうも、豪族のもとに入ってしまった農民を把握して、これに税や力役をかけるわけにはいかない。この時代、人口が非常に減少するが、うちつづく戦乱によって死んだものも多かったが、国家が把握できない部分もあったのである。諸葛孔明も、

「人口が少ないのではなく、戸籍についているものが少ないのだ」

といったことがある。

さて、国家の把握できる人口が少ないと、いきおいその少ない人口に租税や力役の負担が重くかかってくること、今日、収入が把握しやすいサラリーマンに税の取り立てがきびしいのと同じである。五斗米道《ごとべいどう》の信者に、力役に疲れた民が多いとあるのは、このことを指しているのであろう。

黄巾《こうきん》の乱は、土地を失った流民や、力役に疲れた農民を集めて、教団の力を拡張していった。そして豪族のもとに集められていたものが私兵化するように、黄巾の一味も、武装していつでも教団組織を軍隊に転換することができたのである。

宦官《かんがん》の進出と専横

黄巾の乱ほど大々的ではないが、すでにこれに先がけて、同じような宗教的反乱や農民反乱が各地でおこっていたが、それと並行して、異民族の中国への侵入もしばしば人々を苦しめた。チベット系の羌族《きょう》や、トルコあるいはモンゴル系といわれる烏丸《うがん》（桓）や鮮卑《せんぴ》などである。

そのうえ後漢王朝内部では、外戚《がいせき》（皇后とその一族）や宦官（男性としての生殖機能を刑罰として失わされたもの。皇帝の側近として使われる）が専横をきわめ、とくに黄巾の乱がおこる前後には、宦官が完全に政権を握ってしまっていた。宦官自身は中央にとどまるが、一族を地方に派遣して、苛斂誅求《かれんちゅうきゅう》を行ない、政治は中央・地方ともに乱脈をきわめた。

やがて、外戚何進《かしん》による宦官誅滅《ちゅうめつ》計画が仕組まれ、それは失敗に帰したが、何進に力を貸そうとして洛陽に入ってきた董卓《とうたく》が、献帝を擁立して長安遷都《せんと》を断行し、さらに袁《えん》紹《しょう》らが反董卓の軍を興し、英雄の活躍する時代を迎える。

ここに展開するドラマの数々と、そこに織りなされる人間関係は別の章でとりあげるが、ここでは魏・蜀・呉三国の中で、とくに当時の先進地帯、黄河流域を領土とした魏の制度や文化が、南北朝から隋・唐、そしてさらには隋・唐を通してわが国へも影響を及ぼしたことを述べ、三国時代の、東アジアの歴史上に占める位置をみておこう。

魏朝の税制と兵制

曹操《そうそう》は建安元年（一九六）、献帝を自分の根拠地である許《きょ》（河南省許昌）に迎えると、ほんとうのところ天下の覇権《はけん》を握ったも同じこととなったが、そうなるとまず財政の安定と軍事力の充実を計らなければならなかった。

当時、黄巾の乱の後をうけて、英雄・豪傑の間の戦いがつづき、各地に持ち主のない土地が多くあった。一方には前にも述べたように、土地を失った農民がいる。そこでかれは、持ち主のない土地を国家の手に収め、民を募《つの》り、一定の土地を割り当てて耕作させたのである。これを「屯田《とんでん》」と呼んだ。

普通、屯田という場合には、国境地帯において、兵士に耕作をさせ、糧食を自給して、戦時には武器を取って戦わせるものを指す。これを「軍屯」と呼ぶのに対して、曹操の行なったものを「民屯」といい、管理する役所も異なっている。

ところで民屯の耕作者と、一般の農民とでは、国家に納める税額も異なっていた。漢代では、農民は田租《でんそ》として、収穫の十分の一ないしは三十分の一を納めていたのであるが、民屯の耕作者は、自分で牛を所有している場合は収穫の五割、牛を官から借りているときには六割を納めなければならなかった。これはそのころの大土地所有者が、耕作者から取る小作料に近いと考えられ、民屯耕作者は国家の小作民といってもよいようである。

屯田は司馬仲達の司馬氏が政権を握ると廃止されたが、その晋《しん》代の土地制度である「占《せん》田《でん》・課田《かでん》制」、とくに課田は屯田の系統を引くものであり、それはさらに北魏に入ると「均田《きんでん》法」となり、隋・唐時代にひきつづいて行なわれ、わが国にも「班田収授《はんでんしゅうじゅ》制」としてつながってくる。

さて曹操は屯田制を施行してまもなく、建安三〜四年（一九八〜一九九）ごろ、一般の農民に対する租税体系にも変更を加えた。すなわち田一畝につき粟《ぞく》四升と、定率から定額に変えた。同じころ一畝の収穫は三石というものがあるから、百分の一以下という減税になる。しかし一方では、戸ごとに絹二匹《ひき》、綿《まわた》二斤《きん》を納めさせて、「戸調《こちょう》」と呼んだ。

これは新しい税目であるし、戸を単位にして税を取るということは、画期的なことでもあった。その代り、漢代に個人を対象として課していた「算賦《さんぷ》」（人頭税）や兵役を含んでの力役《りきえき》を廃止している。戸調はやがて均田法に対応する租税制度の「調」となるこというまでもない。

一方、戦いを勝ち抜くためには、財政的な裏づけも必要だが、兵士をどのようにして供給し、その数を維持していくかということも重要である。しかし、いまも述べたように、力役を廃止したときに兵役もやめてしまったのであるから、兵士をどのように供給しようとしたのであろうか。

曹操が採用したのは「兵戸制《へいこ》」である。すなわち特定の戸を戸籍を別にして兵戸に指定し、その戸の成年男子は、父が死ねば子が、兄が没すれば弟にというように、兵士の身分を世襲させた。兵戸はまた「士家《しか》」とも呼ばれるが、その家の女子は兵士と結婚せねばならなかったし、独身の男性には婦をあてがって子を生ませた。

文を尊び武を卑しむ風習のある中国では、兵戸はしだいに賤民《せんみん》視されるようになった。特別の功績があれば一般民戸に戻すという規定があったことも、兵戸の地位がどのように見られていたかを推測させる。

しかし、兵戸制は南朝宋のころには衰滅していったようである。

特色ある呉の兵制

呉の兵制も特別なものがあった。例えば、赤壁の戦後、建安十四年（二〇九）、周瑜《しゅうゆ》は偏将軍に任ぜられると同時に、南郡太守を兼ねて、江陵《こうりょう》に赴任するが、劉備も荊《けい》州の刺史《しし》として、江陵の対岸油江《ゆこう》口を公安と改め、ここに駐屯した。孫権と劉備がお互いに牽制《けんせい》しあったのである。

このとき孫権は、漢昌など四つの県を周瑜に奉邑《ほうゆう》（知行地）として与えた。この奉邑から納められる税で、自分の指揮下に入っている軍隊を養うようにさせたのである。

翌十五年、周瑜は病死するが、江陵守備の責任者の後任に魯粛《ろしゆく》を推薦していった。魯粛は奮武校尉に拝され、周瑜の部下であった士衆四千余人と、奉邑四県を受けついだ。そして二十二年、魯粛が死ぬと、一万人あまりにふくれ上った軍人と四県の奉邑は、粛の後任呂蒙《りよもう》が受けついでいった。

このように軍の将領に奉邑を与えるのを「奉邑制」と呼び、呉の兵制の特徴のひとつである。そして奉邑は個人に属するものではないから、世襲はされず、その地位を受けつぐものに譲られていった。

奉邑というと、封建制の封土を思わせるが、家に属せず地位に属する点が異なるのである。しかし、呉王の下に集権化をはかるには妨げになると考えたからか、建安末年にはこの制は廃止され、軍隊の給与は国家財政から支出されることになった。

また、呉の兵制には、「世兵制《せへい》」とでも呼ぶべきものがあった。それは呉の将軍が指揮していた部下を、その子や一族のものがそのまま継承していくというもので、なかには数代、四、五十年の長きにわたって、同一の軍隊を継承して指揮していった例が見出される。世兵制は建安以後にも行なわれていたのである。そして、この軍隊の兵士たちは、魏と同じように兵戸─兵役に専門につく家の出身であったようである。

官僚制度の整備

「才能あるものだけを推挙《すいきょ》せよ」

これが曹操《そうそう》の人材登用の根本方針であった。それとともに、一方では、

「五百戸以上の人口のある県には学校を置き、その地域の俊才を選んで教育をするように」

との命令を出し、人材の育成にも心がけさせた。この章のはじめにも述べたように、漢代の後半は、どちらかといえば、郷里の実力者の子弟が官吏に選ばれる傾向のなかで、才能を中心に人材を集めることを理想としてかかげたことは、かれの政治家としての非凡さを示すであろう。

もちろん、地方の有力者の子弟でかつ才能あるものは、争って三国ともに自分の部下にしようとした。

曹操が司馬懿《しばい》兄弟や荀彧《じゅんいく》などを、劉備《りゅうび》が諸葛亮《しょかつりょう》や馬良《ばりょう》・馬謖《ばしょく》の兄弟を、孫権が諸葛瑾《しょかつきん》や周瑜《しゅうゆ》・魯粛《ろしゅく》・呂蒙《りょもう》・陸遜《りくそん》らを部下としたのは、いずれもその例である。しかし、曹操の部将許褚《きょちょ》は山賊の親分であり、典韋《てんい》が侠客であったこともかくれもない事実である。

ところで曹操の子曹丕《そうひ》は、漢から王朝を譲られ、魏朝を開くと、もとの漢の官僚を魏の国内に吸収しなければならなくなった。このときにかれが陳羣《ちんぐん》の意見を入れて採用したのが「九品官人法《きゅうひんかんじんほう》」であるが、これは最初は臨時の立法のはずであったものが、そのまま常置のものとされ、六世紀の終り、すなわち隋の文帝（煬帝《ようだい》の父親）が「科挙《かきょ》制」（試験による採用）を始めるまでつづいた。

九品官人法は、官職を一品から九品までに分け、また官吏候補者も一品から九品にランクづけをする。前者を官品、後者を郷品《きょうひん》と呼ぶ。郷品は郡ごとに置かれた中正《ちゅうせい》官から与えられる。中央の人事を扱う司徒《しと》府の役人が、郷品に応じた官品の官職に任命する。はじめて官吏になる（起家《きか》という）場合は、おおむね郷品より四品さがった官品（郷品二品なら官品六品）の官から出発した。

郷品を与える場合は、官吏候補者個人の才徳と地域の評判を基準にするのが原則で、品と状《じょう》（内申書のようなもの）を中央に送ったのであるが、発足後間もなく、家柄中心に行なわれるようになり、

「上品《じょうひん》（郷品一〜三品）に寒門《かんもん》（家柄の卑しい者）なく、下品《かひん》（七〜九品）に世族《せいぞく》（貴族）なし」

という諺《ことわざ》が生まれ、中国の貴族制を生み出し、それを支える制度となった。

九品官人法そのものは、わが国には行なわれなかったが、官職を九品に分かつ九品官制は、朝鮮半島の三韓時代の位階制や、わが国推古《すいこ》朝の冠位十二階や大宝令の位階制の源流となった。

文武両道にすぐれた曹操

徳川家康や源頼朝が、日本の文学史上に名を残す歌人であった、文章家であったということは聞いたことがない。それでは〝乱世の姦雄《かんゆう》〟と同時代人から評され、宦官《かんがん》の孫と罵《ののし》られ、悪役の隈《くま》取りで舞台に登場する曹操は、どうであったか。

「人は少《わか》いころは学問を好むが、年をとるとその気持ちを忘れてしまう。年をとっても学問につとめているのは、ただおれと袁伯業《えんはくぎょう》の二人だけだろうか」

曹操は息子の曹丕がご機嫌伺いにやってくると、いつもこのように話しかけていた。五百戸以上の県に学校を置かせ、学問を奨励するとともに、自分自身も軍中にあって書物を手放すことなく、昼は武を講じ、夜は儒教の学問に専心した。彼の著作としては、兵法書『孫子』に対する注がいまに読まれている。彼はまた詩人であり、書や音楽をよくした。まさに文武両道の達人である。

『演義』第四八回に、「長江に宴《うたげ》して曹操詩を賦《ふ》し、戦船を鎖《つな》いで北軍、武を用う」とある。赤壁の戦いを前に、曹操が諸将を集めて宴会をし、その席上、自分はこの槊《さく》（武器の一つ。ほこ）をもって戦ってきたが、今日は槊を横たえて詩を賦そうといって、「短歌行」なる詩をよむというのである。

曹操の「短歌行」は、六世紀に昭明太子が編纂《へんさん》し、奈良・平安時代以来わが国でも広く読まれた『文選《もんぜん》』にもとり入れられているが、この詩を赤壁の戦いの前に作ったのだとするのは、『演義』の脚色である。ただし、宋代にすでに曹操が槊を横たえて詩を賦したと考えられていたことは、有名な蘇東坡《そとうば》の『前赤壁の賦』に、

「月明《あきら》かに星稀《まれ》に、烏鵲《うじやく》南に飛ぶとは、此れ曹孟徳《そうもうとく》の詩に非ずや。……槊《さく》を横たえて詩を賦せるは、固《もと》より一世の雄なり。而《しこ》うして今、いずくに在りや」

と見えることからもわかる。

そして、蘇東坡よりさらに三百年ほどさかのぼった唐の詩人元稹《げんじん》は、杜甫《とほ》没後、杜甫を高く評価した最初の人といってもよいが、李白と杜甫の優劣を論じて、その中で、

「曹氏父子は鞍馬《あんば》（戦争）の間にも文をつくり、往々槊《おうおうさく》を横たえて詩を賦した」

といっている。この場合は、必ずしも「短歌行」を指してはいないが、槊を横たえて詩を賦したという逸話はすでにこのころ語られていたのであろう。

芸術の興隆と宗教

話が少し横道にそれたが、曹操は詩人であった。否、曹操だけでなく、子の曹丕《そうひ》も曹植《しょく》もそうであった。そしてかれらを中心に〝建安七子〟と呼ばれる人たちによって、五言を一句とする五言詩が、従来の歌謡から脱却して、詩の一分野を形成することになった。この段階をへることなしには、杜甫・李白を頂点とする唐代の詩は生まれなかった。漢代の文学が散文、元代のそれが戯曲であるように、唐代文学を代表するものは五言・七言の詩であった。

曹氏の三人のなかでは、曹植が詩作にはもっともすぐれていた。しかし、曹丕は「文学には永遠に朽《く》ちぬ生命がある」といって、文学に独自の価値を認め、それまでの儒教の束縛から文学を解き放った。文学ばかりでなく、音楽も絵画も書道も、あらゆる芸術が独自の価値を認められていく。そして文学には陶淵明《とうえんめい》・謝霊運《しゃれいうん》、絵画に顧愷之《こがいし》、書に王羲之《おうぎし》・王献之《けんし》父子が、南北朝時代の初期のころまでに輩出《はいしゅつ》する。

正倉院に伝わる楽器にその名を残す阮咸《げんかん》は、三国末の人で、音楽の名手であると同時に、有名な〝竹林の七賢〟の一人でもあった。これらの人が、それぞれの分野において唐代文化の礎《いしずえ》を築いた人であることはいうまでもない。

また、母親が連れ子をして曹操の側室になったため、曹丕や曹植と兄弟同様に成長した男に何晏《かあん》というものがいる。後漢末、宦官誅滅《かんがんちゅうめつ》を計画して失敗し、殺されてしまった何《か》進《しん》の孫でもある。

何晏は美男であった。いつもお白粉を持ち、歩くときにも、自分の影に注意していたといわれるから、そうとうなナルシストである。傲慢《ごうまん》で曹丕とは仲が良くなかった。

かれは老荘思想を好み、『論語』なども老荘思想の立場から解釈したが、かれが王弼《おうひつ》と行なった「清談《せいだん》」は、清談の古典とされる。清談とは俗事を離れて、人間の本性とか無についてかわす談論で、三国末には竹林に集まって清談をしたといわれる〝竹林の七賢〟などが出現する。

仏教はすでに紀元前後には中国に入ってきていたが、最初はどちらかといえば呪術《じゅじゅつ》的なものとして受け入れられていた。しかし老荘思想の研究がさかんになると、これを媒介として仏教の教義を考えるようになる。さらにインドや中央アジアから僧侶が来、一方、中国からインドに法を求めてでかける僧も出てきて、仏教教義の理解が深まり、皇帝のなかには仏教を厚く保護するものもあった。隋・唐時代には中国的仏教の成立を見、それが朝鮮半島に伝わり、わが国では南都七宗などに連なってくる。また信仰の深まりと平行して仏教美術もさかんになる。

仏教の繁栄のもとに、五斗米道《ごとべいどう》に源流を持つ道教も、教義や教団組織を作りあげていったのである。

以上、三国時代のもつ面白さというのは、ひとつには英雄・豪傑がおりなす人間模様であり、血湧き肉躍るの感が深いのであるが、また一面、三国時代が中国の歴史の流れの中で大きな転換期にあり、しかも三国時代に生まれた制度や文化が、いろいろな形で日本の制度や文化に影響を及ぼし、私たちの身近に残っている点にもあるということが、わかっていただけたであろうか。

三国時代と日本は、ただ「魏志倭人伝」だけで結びついているのではないのである。

III 「三国志」のヒーローたち

曹操

孫権

趙雲

天下大乱の情勢

前章では、後漢末から魏・呉・蜀の三国鼎立《ていりつ》に至る時代の社会的背景をみてきたが、ここでは、三国時代の歴史的な展開を大まかにとらえたうえで、『演義』に登場する多彩な英雄豪傑たちのプロフィールを伝えることにしよう。

後漢朝の末期、董卓《とうたく》が献帝を擁立《ようりつ》して都を長安に遷《うつ》すと、袁術《えんじゅつ》・劉虞《りゅうぐ》・曹操《そうそう》らは、袁《えん》紹《しょう》を盟主にあおいで、反董卓を旗じるしに連合軍を結成する。しかし連合軍といったものは、洋の東西、時の古今を問わず、永続するものではない。かれらはたがいに牽制《けんせい》しあい、長安に攻めのぼることはおろかほとんど西に進まぬうちに、董卓自身が殺されてしまい、連合軍は解散し、群雄が各地に割拠《かっきょ》することとなった。

後漢約二百年を通して、名門の地位を保っていた袁氏は、袁紹・袁術が従兄弟《いとこ》同士でありながら、必ずしも仲がよいわけでなく、黄河をはさんで北と南に対立していた。しかし袁紹のほうが実力をもっており、河北に覇《は》をとなえていた。

一方、袁術はみずから皇帝たらんことを求めて、寿春《じゅしゅん》（安徽《あんき》省）で即位するが、たちまち人々の反対を受け、帝号を袁紹に返そうと北上する途中、血を吐いて死んだ（一九九年）。

その間、新興の勢力として袁紹に対抗する力量を身につけたのが曹操《そうそう》である。かれは謀臣荀彧《じゅんいく》の意見を採り入れて、献帝を根拠地の許《きょ》（河南省許昌）に迎え、大義名分を得た。やがて袁紹と曹操は、建安五年（二〇〇）、官渡《かんと》（河南省中牟《ちゅうぼう》）で戦った。数の上では圧倒的に優勢であった袁紹だが、曹操のたくみな用兵に敗れ、両者の地位は逆転した。河北がこのように混乱を続けている間、揚子江の流域は比較的安定していた。

上流の益州（四川）は最初、劉焉《りゅうえん》が益州牧《ぼく》として赴任《ふにん》し、そのまま半独立の状態にあった。劉焉の死後、その地位は息子の劉璋《りゅうしょう》に受けつがれた。

中流の荊州《けい》（湖北・湖南）は、やはり荊州牧劉表《りゅうひょう》の支配下に治められていた。この地は北の方から多くの人が集まってきたが、そのなかに劉備《りゅうび》・関羽・張飛の一団や、諸葛孔明《しょかつこうめい》がいた。しかし、官渡の戦いが行なわれているころには、まだ劉備と孔明は知り合っていない。

下流の揚州（江蘇・安徽の一部、浙江・江西）には、土豪出身の孫氏がいた。はじめ孫堅《そんけん》が袁術の武将として身を起こしたが、孫堅の子孫策《そんさく》は、袁術が皇帝を称したのを機会に袁術から離れて独立し、土着の豪族や北方から移ってきた人たちを集めて勢力を増し、黄河流域に行なわれている争いに首をつっこもうとした直前、暗殺され（二〇〇年）、弟の孫権《そんけん》が後を継いだ。

天下三分の成立

官渡の戦いの後、袁氏は北方の遊牧民族烏丸《うがん》の力を利用し、なお曹操との戦いを続けたが、結局、滅ぼされてしまった。

こうして河北を完全に平定した曹操は、建安十三年（二〇八）、荊州に攻め入った。おりしも劉表が病死し、あとを継いだ劉琮は曹操に降《くだ》った。

この前の年、劉備に迎えられていた諸葛孔明と、孫権の部下魯粛《ろしゅく》の働きで、劉備・孫権の同盟が成立し、赤壁《せきへき》の戦いとなり、曹操は敗れて北に逃げ帰り、天下三分の第一段階が終った。

赤壁戦後、曹操はなお残存していた陝西《せんせい》・甘粛《かんしゅく》方面の軍閥平定にとりかかり、一方、揚子江流域では、荊州の領有をめぐって、劉備と孫権が争う。

劉備は益州牧劉璋に招かれるかたちで益州に入るが、やがて劉璋を討って益州を手に入れた。しかし荊州については、まず孫権との間で東西に二分割する約束ができて（二一五年）その半ばを失い、さらに荊州に残しておいた関羽が、曹操・孫権連合軍に殺されるにおよんで（二一九年）、完全に孫権に奪い取られてしまった。こうして天下三分の形勢が完成した。

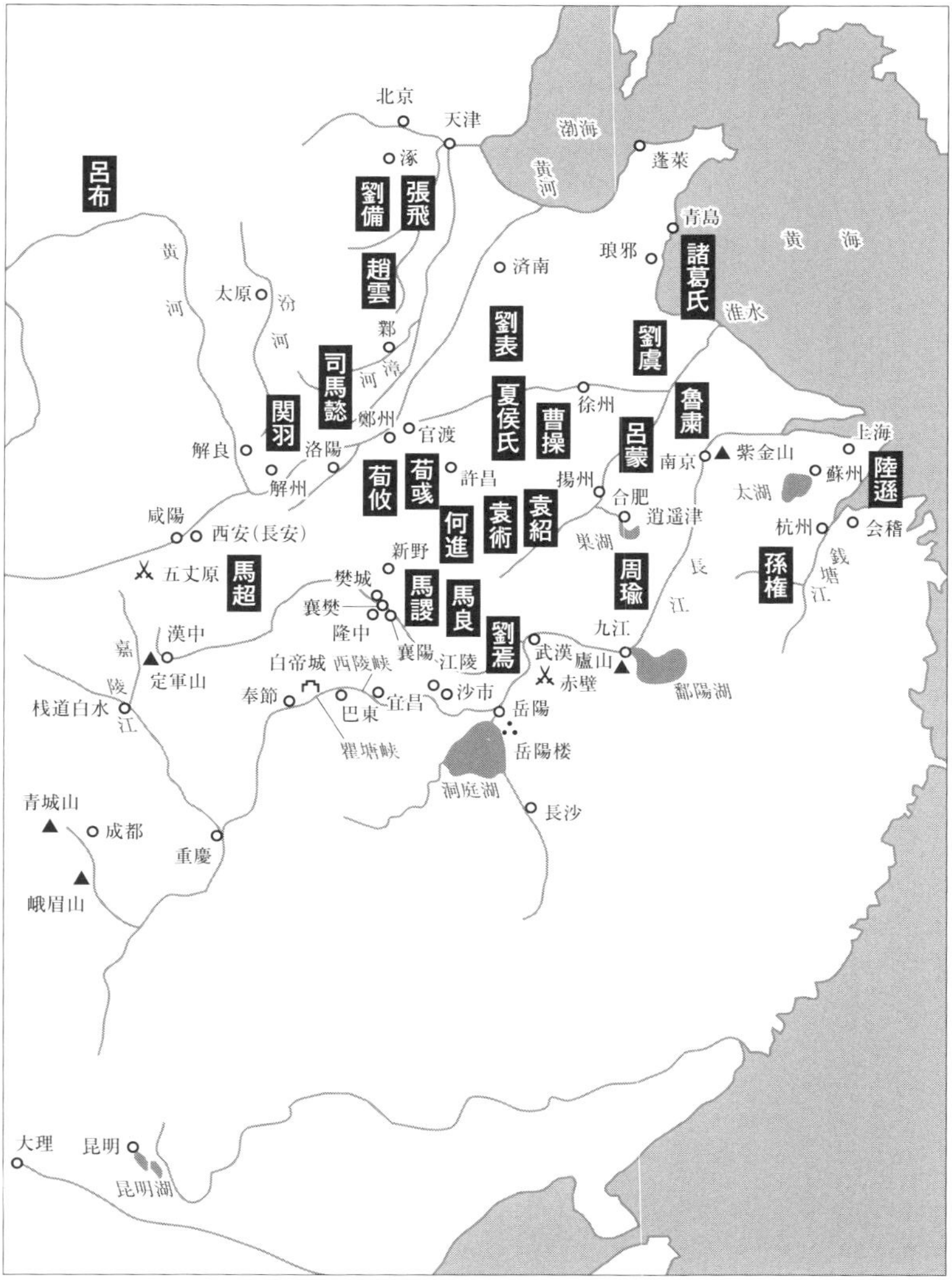

「三国志」人物本籍地別分布

建安二十五年（二二〇）、曹操が死に、献帝は曹操の子曹丕《そうひ》（文帝）に皇帝の位を禅《ゆず》り、魏朝が開かれた。これを聞いた劉備は、翌年、成都で即位し蜀漢国を建てた。孫権もさらにその翌年、独自の年号をもうけて独立を表明した。かれが皇帝を称するのは二二九年のことである。

晋《しん》朝による天下統一

劉備は、蜀漢建国後、まず関羽の仇《あだ》を報ずるため呉を親征するが敗れ、二二三年、白帝城で後事を孔明に託して死んだ。

孔明は呉との同盟を修復し、南方の異民族を平定したあと、文帝の死を契機に、二二七年、後主劉禅《りゆうぜん》に「出師《すいし》の表」をたてまつり、魏との戦いに出かける。その後七年にわたり戦いはくり返されたが、ついに二三四年、孔明は魏の将軍司馬懿《しばい》と五丈原《ごじようげん》で対陣中に病没した。

同じ年、後漢最後の皇帝であった献帝も死んだのは、非常に象徴的である。この年は献帝即位の四十六年目にあたるが、以後三国の間に小ぜり合いはあるが、大きな戦いは行なわれず、五丈原の戦後四十六年たった二八〇年、晋《しん》は呉を滅ぼして、中国に一応、統一をもたらすことになった。

魏の国内では司馬懿《しばい》が文帝の子明帝《めいてい》を輔佐する四人のなかの一人に選ばれて足場をきずき、明帝死後も曹爽《そうそう》と並んで斉王芳を助けた。一時曹爽に押されて一線を退いたが、二四九年、二人の息子とともにクーデターをおこし、司馬氏の権力を確立した。二六三年、魏は蜀を滅ぼしたが、その二年後、司馬懿の孫司馬炎《えん》が帝位を譲られ晋朝を開き、二八〇年、呉の滅亡を迎えたのである。

後漢末のヒーローたち

献帝《けんてい》――献帝劉協の生涯は、自己の意志を発揮できぬ悲しいものであった。母親王美人は、彼女のライバル何《か》皇后に殺されている。九歳で董卓に擁立されて即位し、長安に連れて行かれた。十五歳で伏皇后を迎え、十六歳のとき、曹操の根拠地許《きよ》に呼ばれた。二十歳の年、かれの子をみごもっていた董《とう》貴人は、父親が曹操殺害を計画したために殺されてしまい、さらに十四年後、今度は伏皇后が曹操に殺された。髪をおどろにし、操の部下華歆《かきん》にはだしで牽《ひ》かれていった彼女が、「お助け下さることはできませんか」というと、「私もまたいつまでの命とは知れぬのだ」と答えるだけであった。

翌年、曹操の娘を皇后にし、さらに五年後、曹丕《そうひ》に国を譲った。

何進《かしん》――南陽宛《えん》（河南省）の屠殺業であった何家は、賄賂《わいろ》を使って娘を霊帝の後宮に入りこませ、彼女が男子（少帝弁）をもうけると皇后に立てられたので、兄の何進もとんとん拍子に出世し大将軍に進んだ。地方の豪族から皇后が出た後漢にあっては、例外中の例外である。

黄巾《こうきん》の乱が起こると、洛陽宮中の西園に八校尉（校尉とは大臣級の軍団指揮官）を設けて自己の配下に入れ、軍事権を握った。袁紹・曹操もその一員であった。

霊帝が死に少帝が立つと、かれは宦官誅滅《かんがんちゆうめつ》を計画し、陝西《せんせい》の軍閥董卓を呼びよせた。しかし計画はもれ、何進は妹の何太后に宮中に呼び出されて、宦官に殺された。しかし、その後、袁紹・袁術は宦官を誅滅し、洛陽に入った董卓は少帝を廃し献帝を立て、何太后は少帝ともども殺された。

董卓《とうたく》――董卓は、西方のチベット系羌《きよう》族の鎮圧に活躍して、名をはせた。何進に呼ばれて洛陽に入ると、献帝を擁立し、ついで洛陽に火を放ち長安に遷都した。かれは長安の東北の郿《び》に塢《う》（とりで）を築き、三十年分の食糧を蓄えた。

初平三年（一九二）、献帝の病気快復《かいふく》の祝いの日、司徒王允《おういん》が董卓と義父子の契《ちぎ》りを結んでいた呂布《りよふ》を抱き込み、かれを刺し殺させた。董卓は太鼓腹《たいこばら》であったので、死骸を市中にさらし、臍《へそ》に灯心をおいて火をつけたところ、数日火が消えなかったという。

『演義』では、貂蟬《ちようせん》という女性が、王允を助けて「連環の計」に一役買うが、これは

『演義』が作り出した人物である。しかし、彼女のモデルらしいものは『三国志』に見えている。

呂布《りょふ》――董卓殺害に一役買った呂布の生涯は、裏切りの連続であった。その点では、漢末の乱世を象徴する人物ということもできよう。

『演義』では、赤兎馬《せきとば》に乗って活躍する呂布ではあるが、陳寿は「武力に秀《すぐ》れていたが知略に欠ける」「悪がしこくて、言行は変りやすく、ただ利益だけを追っている」と評している。

最初、丁原《ていげん》に仕えたが、董卓から誘われ、丁原を殺して董卓に従った。董卓を裏切った後、長安にいられなくなり河北にやってきた。袁紹の下に所属するかと思えば袁術のいうことを聞き、劉備と仲よくしているかと思えばこれを襲うなど、変転きわまりなく、最後は曹操に捕えられて縊《くび》り殺された。

袁紹《えんしょう》と袁術《えんじゅつ》――二人は従兄弟《いとこ》同士であるが、一説には異母兄弟で、術の母が正妻であって、紹は伯父の後をついだという。二人は反董卓の連合を組んだが、やがてそれぞれ独立し、はげしく対立するようになった。袁術はいったんは皇帝を称したが失意のうちに死に、袁紹も曹操と官渡で戦って破れ、二年後に病死した。袁紹は沮授《そじゅ》・田豊《でんぽう》らの謀臣、顔良《がんりょう》・文醜《ぶんしゅう》らの武将を有していたが、かれらを充分に使いこなすことができなかったのが敗因の一つであろう。

その他の州牧たち――後漢末には、州という広域行政単位が、まず群雄のひとつの足場になった。州の長官を刺史《しし》または牧《ぼく》という。州牧には劉氏の一族のものが任ぜられている例がいくつかある。

荊《けい》州牧の劉表《りゅうひょう》は前漢景帝の子、魯恭《ろきょう》王の子孫で、若いころは反宦官《かんがん》グループ清流派の一員として活躍した。益州牧の劉焉《りゅうえん》も同じく前漢景帝の子、魯恭王の子孫で、霊帝の時代に〝漢朝の立て直しは地方政治の整備にあり〟と建言し、みずから益州牧を希望して、赴任することを許された。幽州牧の劉虞《りゅうぐ》は光武帝の子、東海恭王の子孫であった。袁紹らから皇帝に立てられようとしたが辞退し、最後は公孫瓚《こうそんさん》に殺された。

劉氏以外の州牧では、徐州牧の陶謙《とうけん》がいる。かれは曹操の父曹嵩《すう》を殺したために、曹操に攻められて大敗し、徐州牧の地位を劉備に譲り病死した。

蜀漢国のヒーローたち

劉備《りゅうび》――劉焉《えん》や劉表と同じように、劉備も前漢景帝の子、中山王勝の子孫である。しかし父は早く死に、母と蓆《むしろ》を織って生計を立てていた。故郷の涿《たく》を通る馬商人の援助を受け、関羽や張飛と死を共にと誓い合い、黄巾《こうきん》の乱が起こると義兵を率いて討伐に参加した。

河北ではついに根拠地を求めることができず、荊州の劉表を頼って行き、ここで諸葛孔明を「三顧の礼」をもって迎えいれた。しかし荊州も結局はかれの領土とはならず、益州に入って、二二一年、蜀漢国を建てた。

関羽を殺した呉を、張飛とともに討とうとする直前、張飛も部下の手にかかって殺され、かれ自身も呉との戦争で敵将陸遜《りくそん》にうち破られて、永安で病死した。臨終にあたって子の劉禅を孔明に託していった。

劉禅《りゆうぜん》――幼名を阿斗《あと》という。蜀の第二代の皇帝。建安十二年（二〇七）、劉備が孔明を「三顧の礼」で迎えた年に生まれた。凡庸《ぼんよう》な人物で、孔明死後、宦官黄皓《かんがんこうこう》を信任して蜀の政治を混乱に導いた。蜀滅亡後、洛陽に連れて行かれたが、ある日宴会の席上で蜀の地方に伝わる演芸が行なわれ、みなが昔を思い出して泣いたのに、かれだけは楽しんでいて、かえって魏の人たちが驚いたという話が伝わっている。

諸葛亮《しよかつりよう》――山東琅邪《ろうや》の人。字《あざな》は孔明。故郷を離れて荊州の劉表のもとに身を寄せ、隆中で晴耕雨読の生活をしながら天下の大勢を観望していた。身長一八〇センチあまりの偉丈夫で、「臥竜《がりよう》」と呼ばれていた。ちなみに劉備は一七五センチあまり、関羽・張飛は『演義』ではそれぞれ二メートル、一八〇センチあまりとされている。

劉備に「三顧の礼」をもって迎えられ、「君臣水魚の交り」を結んだ。蜀の建国とともに丞相《じょうしょう》となり、劉備の死後は劉禅を助けて、漢の天下の回復を目標に国政をとり、またみずからも「出師《すいし》の表」を出して出陣した。

建興十二年（二三四）、五十四歳で五丈原に没した。軍師としてより政治家としての方が、かれの能力を発揮できる領域であった。

関羽《かんう》――「馬孟起《ばもうき》（超）は文武兼ね備えた一世の豪傑である。益徳《えきとく》（張飛）とは並び馳せて先を争う人物だが、髯《ひげ》の絶倫には及ばない」

荊州でただ一人留守を守っていた関羽に対して、蜀に入った孔明から送られてきた手紙の一節である。関羽といえば、それほど髯で有名な武将だが、一面『左伝』を愛読した。字《あざな》は雲長。解《かい》（山西省）の人。張飛とともに劉備に起兵当初から従った。一時、曹操に捕えられ、操もかれを厚くもてなしたが、白馬《はくば》の戦いで、袁紹の猛将顔良を斬って曹操の恩に報い劉備のもとに帰った。

建安二十四年（二一九）、関羽は北上して曹操を攻撃中、背後を荊州領有を狙う孫権に襲われ、臨沮《りんしょ》（湖北省南漳）で殺され、首は洛陽にいた曹操のもとに送られた。いまも洛陽市の南、竜門石窟に近く関羽の首塚「関林」がある。

関羽の後を追うように、曹操と呉の呂蒙《りょもう》が死んだので、『演義』では、かれの怨霊《おんりょう》の祟《たたり》としており、その霊をしずめるために廟《びょう》がきずかれた。

張飛《ちょうひ》——長坂《ちょうはん》（湖北省当陽）橋上で、寄せ来る曹操の大軍を睨《にら》みつけ、矛《ほこ》を横たえて、

「我こそは張益徳なるぞ。来たりてともに死を決せよ」

と呼ばわった姿を思い出す人が多いだろう。劉備と同郷の涿《たく》の人。字《あざな》は益徳。劉備と起兵当初から終始行動をともにしたのは張飛だけである。

かれは性格が粗暴だったようで、とくに部下の兵卒にはきつくあたり、いつも鞭《むち》でたたいていた。劉備もしばしば注意したがきかなかった。そのために劉備とともに関羽の仇《あだ》を報ずるため出陣しようとした矢先、部下の手にかかって殺された。劉備は張飛の陣営から報告書が届いたと聞いて、その内容を聞く前に、「ああ、飛は死んだ」といったという。

趙雲《ちょううん》——字《あざな》は子竜。常山真定（河北省石家荘市）の人。この人も身長一八〇センチあまりと記される。最初、公孫瓚《さん》に仕えたが、劉備に従うことになった。

長坂橋上で張飛が曹操の軍を防いでいたころ、劉備は妻や子の阿斗を捨てて南下しようとした。このとき趙雲は二人を保護してやった。またそれから三年後、劉備に嫁いでいた孫権の妹孫夫人が、兄の命を受けて呉に帰ることになり、阿斗を連れ去ろうとしたときも、かれが張飛とともに救い出した。

関羽・張飛・劉備が死んだ後まで生き残り、馬謖《ばしょく》が敗れた街亭《がいてい》の戦いのさいも、敗軍ではいちばんむずかしい殿軍《しんがり》の役を勤めるなど、沈着で縁の下の力持ち的な役割を果たし、

建興七年（二二九）没した。三国時代の英雄中、筆者のいちばん好きな人物である。馬良《ばりょう》と馬謖《ばしょく》――「馬氏の兄弟は五人。いずれも才能があるが、そのなかで白眉《はくび》がもっともよい」

現在まで使われている〝白眉〟の言葉の出典である。馬良は眉に白毛があったのでこう呼ばれた。

劉備が荊州に身を寄せていたときに、兄弟ともに劉備に仕えた。馬良は四番目、馬謖は末弟である。馬良は惜しくも夷陵《いりょう》の戦いで死んだ。

馬謖の方は諸葛孔明に可愛がられていたが、街亭の戦いで孔明の下知《げち》を聞かず、戦いに敗れ、孔明は軍律を正すためにかれを斬り捨てた。

このほか蜀では、龐統《ほうとう》は孔明とともに将来を期待される人物として鳳雛《ほうすう》・臥竜《がりょう》と並び称されたし、チベット系の混血児馬騰《ばとう》を父にもつ馬超。定軍山で魏将夏侯淵《かこうえん》を斬り捨てた黄忠、劉備を蜀に迎え入れることに奔走した法正、孔明没後、蜀を背負って立った姜維《きょうい》、蔣琬《しょうえん》などがいる。

魏朝のヒーローたち

曹操《そうそう》――「治世の能臣、乱世の姦雄《かんゆう》」とは、許劭《きょしょう》が曹操にくだした人物評である。当時、劭が毎月一日《ついたち》に行なう人物評は「月旦《げったん》評」として注目されていた。

沛《はい》国譙《しょう》（安徽省亳《はく》）の人。祖父曹騰《そうとう》は二世紀のなかばに、宮中で勢威を振るった宦官《かんがん》であり、父は養子に迎えられ、金を出して太尉という最高の官職を得た。このようにかれの出身にはダーティな印象があって、後世に至るまで評判はよくないが、陳寿も認めるとおり「非常の人」、世にぬきんでた英傑といえよう。

幼名を阿瞞《あまん》、字《あざな》は孟徳。最初、根拠地を許《きょ》に定めて献帝を迎え、大将軍に任じられ、ついで鄴《ぎょう》（河北省臨漳）に移った。建安十三年（二〇八）丞相《じょうしょう》に任ぜられ、十八年（二一三）には魏公を賜り、娘は皇后に立てられ漢朝の外戚となった。さらに二十一年（二一六）魏王に封じられたが、ついに皇帝に即くことなく没した。

曹丕《そうひ》——魏の初代皇帝。字《あざな》は子《し》桓《かん》。弟の曹植《しょく》とは文学上でも名声を競い合ったが、また皇太子の地位を争い、さらに一人の女性をめぐって恋のさやあてもあった。

袁紹《えんしょう》の息子袁熙《えんき》の妻であった甄《けん》氏は絶世の美人であった。曹操は袁氏を倒すとき、彼女をわがものにしようとの下心をもっていたが、かれの二人の息子も彼女に思いをかけていた。結局、丕が恋の勝利者となり、やがて皇太子叡《えい》を生んだ。甄皇后という。しかし帝の寵愛《ちょうあい》が郭氏に移ったのを怨《うら》み、黄初二年（二二一）、文帝に殺された。彼女の産んだ叡は後、即位して明帝となる。

なお曹植の代表作「洛神賦《らくしんふ》」は、洛水の女神をうたったものの、実は鄄后を思っての作であるという。

夏侯惇《かこうとん》と夏侯淵《えん》――夏侯氏は、沛国譙《しょう》に本籍があり、曹操の父親曹嵩《すう》の実家ではないかといわれる。二人とも曹操がまだ名声の知られていないころから従軍していた。

夏侯惇《とん》、字《あざな》は元譲。呂布との戦いのさい、左目に矢が当たり、「盲夏侯《もうかこう》」とあだ名された。曹操の信任厚く、寝室にも自由に出入りできた。

夏侯淵、字は妙才。戦歴は惇《とん》よりもはなばなしい。官渡の戦いでは食料の補給に当たり、建安十六年（二一一）以後、陝西・甘粛地方に出陣してこの地方の平定に従事したが、二十四年、漢中で劉備と戦い戦死した。

曹操はつねにかれを戒《いまし》めて、「将軍となったら、臆病になるときもなければならない。ただ勇だけを恃《たの》んではいけない。勇をもって本となすべきだが、行動するとき智を用いるように。ただ勇にまかせるだけでは、一人の男を敵にすることになるので、将とはいえない」といっているが、これは現在にも生きる言葉である。

このほか曹操方の猛将としては、身長一九〇センチ、腰の囲りが一一〇センチもあった許褚《きょちょ》。大男で膂力《りょりょく》に富み、呂布との戦では手に十余丁の戟《げき》を持って戦った典韋《てんい》。小男ながら肝っ玉の太い楽進《がくしん》、さらに于禁《うきん》、張郃《ちょうこう》、徐晃、李典、李通らがいる。

荀彧《じゅんいく》と荀攸《じゅんゆう》——建安十二年（二〇七）、曹操が論功行賞を行なったさい、荀彧を第一、荀攸を第二にあてている。この二人は同族で潁川潁陰《えいせんえいいん》（河南省許昌）の出身で、戦国時代の荀子の子孫といわれる。

荀彧は最初袁紹に招かれたが、これを見限って曹操のもとに至り、「これは私の張良だ」と喜ばれた。献帝を許《きょ》に迎えるよう説いたのは荀彧である。曹操は娘を彧の息子に嫁がせた。しかし曹操を魏公に進めようとの話が出たときに反対し、彧は自殺に追い込まれた。

荀攸ははじめ何進《かしん》に仕え、のち曹操の下で軍師に任ぜられた。曹操は、「荀攸は外面は愚のように見えて内面は智、臆病のようで勇、弱いようで強く、顔回《がんかい》（孔子がいちばんかわいがった弟子）も及ばない」と評している。

そのほか、「陳平・張良の才あり」と評された賈詡《かく》。荀彧から後継者と目されていた鍾繇《しょうよう》。若死したが、曹操から「自分に大業を成就《じょうじゅ》させてくれるのはこの男だ」と嘱目《しょくもく》された郭嘉《かくか》。九品官人法の立案者陳羣《ちんぐん》。この人を手に入れたとき、曹操が思わずはだしで飛び出した許攸《きょゆう》。さらに華歆《かきん》、程昱《ていいく》など多士済々である。

司馬懿《しばい》——「死せる孔明、生ける仲達を走らす」。司馬懿（仲達）といえばだれでもこの言葉を思い出すであろう。しかし、かれが、「おれは生きている人間のことは考えられるが、死んだもののことはわからないからな」と答えたことは、それほど知られていない。

この言葉は現実を直視し、ついに司馬氏政権の礎《いしずえ》を築いたかれの本質をよく示している。

河内温《かだいおん》（河南省温）の豪族の出身。建安二十二年（二一七）、四十歳の若さで疫病《えきびょう》に死んだ兄の司馬朗とともに、曹操に仕えた。『三国志演義』では孔明のライバルとして読者を興奮にさそう。七十三歳の長命を保った。

呉朝のヒーローたち

孫権《そんけん》――二十六歳の孫策は、刺客に襲われた傷がもとで息絶えようとしたとき、弟の孫権を呼んで、「戦争をして天下を取ろうとすることにかけては、おまえはわしに及ばない。しかし部下の能力を引き出し、心から働く気にさせ、この江東（揚子江下流）を保つ点では、わしはおまえに及ばない」と遺言し、後事を張昭に託して死んだ。

孫策がいったように、孫権は十九歳で孫氏の頭領となり、数多くの部下を使って内政を整え、軍事力を増強し、曹操・劉備らをうまく操ってその領土を拡大し、呉朝を建てた。

晩年、皇太子に先立たれ、後継者争いをめぐって政治は混乱したが、太元二年（二五二）、七十一歳で没した。字《あざな》は仲謀。呉の大帝と謚《おくりな》される。『演義』では碧眼紫髯《へきがんしぜん》（青い目、紫の髯）と、その容貌を記している。

孫堅《そんけん》と孫策――呉の基礎は、孫権の父孫堅と、兄の孫策によって築かれた。呉郡富春（浙江省富陽）の人。兵法の大家孫武の血を引くと称している。

孫堅、字《あざな》は文台。十七歳で父とともに海賊を平らげて、勇名を轟《とどろ》かせた。袁術のもとに入り、劉表との戦中、矢傷を受けて死んだ。

孫策、字は伯符。父の死により十八歳で父の軍隊をうけつぎ、その闊達《かったつ》な性格から部下たちに慕われた。袁術が皇帝を称すると、これに反対して独立したが、刺客の手にかかって殺されてしまった。

周瑜《しゅうゆ》――周郎とも呼ばれる。字は公瑾《きん》。廬《ろ》江舒《こうじょ》（安徽省舒城）の人で、漢代からの名門であった。孫策とは同い年であり、橋《きょう》氏の二人の娘をそれぞれ嫁にもらい、美男美女のカップルが二組誕生した。

赤壁の戦いでは、かれの部将黄蓋《こうがい》が「火攻めの計」を提案して、曹操を打ち負かした。戦後、劉備に対する警戒の気持ちを強め、劉備の行動を監視した。孔明のライバルとしてはだれでも仲達を思いつくが、最初は周瑜が孔明の好敵手として活躍する。三十六歳の若さで病死した。

魯粛《ろしゅく》――赤壁の戦いの最大の仕掛人はこの魯粛であろう。劉備・諸葛孔明と会って孫・劉同盟の根回しをし、周瑜と組んで国内の反対勢力を押さえ、孫権に曹操と一戦を戦わすことを決意させた。

魯粛、字《あざな》は子敬。臨淮東城《りんわいとうじよう》（安徽省定遠）の人。生まれてすぐ父を失い、祖母に育てられた。財を惜しみなく人に与え、仲間をつくっていった。周瑜も若いころ、かれから援助を受け、それがきっかけで知り合った。

周瑜の紹介によって孫権に仕えることとなったが、最初、孫権に会ったとき、孔明の天下三分策と通じるような意見を説いている。呉の長老張昭あたりからは「魯粛は謙虚さが足りない」「あんな若僧で粗雑なものを用いてはならない」などと非難されたが、孫権はかれを重く用いた。

劉備が蜀に入った後、荊州を二分割することを劉備側に提案して、実行に移した。建安二十二年（二一七）四十六歳で病死した。

呂蒙《りよもう》――「呉下の阿蒙《あもう》にあらず」と魯粛から賞讃され、「男子たるもの別れて三日たてば刮目《かつもく》して待つべきだ」と答えた話は有名であるが、この話の主人公が呂蒙である。

呂蒙、字《あざな》は子明、汝南富陂（安徽省阜南）の人。家は貧乏であったが、孫策の部下になっていた姉婿の鄧当《とうとう》を頼って行き、当の死後その軍隊を受けついだ。そして武功を挙げること多かったが、孫権から、「博士になれというのではないが、兵法書や歴史書を勉強せよ」といわれて読書を重ね、「呉下の阿蒙」ではなくなったのである。

かれは陸遜《りくそん》と力を合わせて関羽打倒に成功したが、関羽の後を追うように病死した。四十二歳の若さであった。

陸遜《りくそん》――陸遜は呉郡（蘇州）土着の豪族の出身である。字は伯言。孫権に仕え、孫策の娘を妻としていたから、国内では多少知られた存在であったが、関羽との戦いに登場したときは、あたかも無名の新人が一躍第一線にデビューした感じを与えた。

関羽を破り、さらに劉備を夷陵《いりょう》（宜昌）で打ち負かすなどの活躍を示し、呉・蜀同盟回復後も、江陵にいて蜀との交渉に当たった。晩年、丞相《じょうしょう》に昇ったが、皇太子没後の政争にまき込まれ、憂憤のうちに六十三歳で没した。

呉ではそのほかに、孫策時代からの家臣である張昭。諸葛孔明の兄で孫権に迎えられた諸葛瑾《きん》。土着豪族の出身で、十九年間丞相の位にあった顧雍《こよう》。その後をうけて丞相をつとめた歩騭《ほちつ》などがある。

また、呂範《りょはん》は汝南細陽（安徽省阜陽）の人であるが、私客百人を率いて孫策の下に赴いた。赤壁の戦後は主計官として活躍したが、黄武七年（二二八）急死した。孫権はかれの墓の前を通りかかり、「子衡《しこう》（範の字《あざな》）」と呼びかけてはらはらと落涙したという。いかに頼りにされていたかがわかる。呉は蜀に較べれば人材に恵まれていたといえよう。

IV

「三国志」から何を学ぶか

周瑜

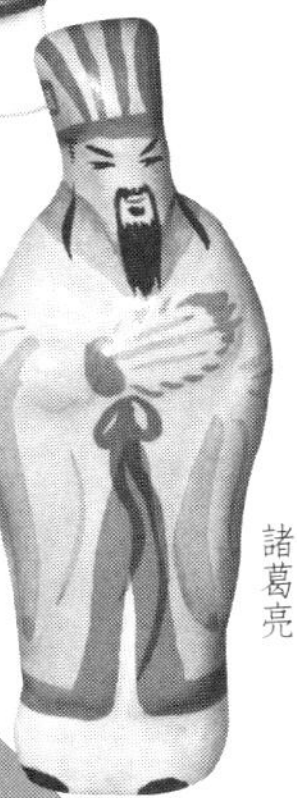

諸葛亮

司馬懿

1　知謀と計略

「天下三分の計」

二十七歳の青年諸葛孔明《しょかつこうめい》は、襄陽《じょうよう》の西一五キロメートル、隆中《りゅうちゅう》の草盧《そうろ》に訪ねてきた劉備《りゅうび》を前に、熱心に「天下三分の計」を説いていた。

ほぼ四百年つづいた漢王朝がいままさに崩壊しようとしているのであるが、これにどう対応するか。董卓《とうたく》・袁術《えんじゅつ》・袁紹《えんしょう》らが、この十五年ほどの間に、あるものは皇帝を自称し、あるものは皇帝を擁立《ようりつ》しながら亡んでいった。かれらの考えるところは、統一国家であった漢の体制をそのままに継承しようとするものであった。そしていま、漢の献帝《けんてい》を自軍の陣営に連れて来ている曹操も、時代に適応した政策を考えてはいるが、中国全域を支配下におこうとしていることはまちがいない。

けれども、孔明の意見は少し異なっていた。かれも究極《きゅうきょく》には漢朝の復興を説くのであるが、それへの道程として、ワン・クッションを置き、まず天下を三分して、そのひとつを劉備が取れというのである。これは新しい発想であり、謀臣孔明の首途《かどで》にふさわしい計略であった。

しかし、これとほぼ同じ発想を、孔明より七年ばかり前にしていたものがあった。それは魯粛《ろしゆく》である。かれもまた孫権《そんけん》にはじめて出会った折に、漢室の復興はもはやひとつの幻想にすぎないと見て、孫権に独立を勧め、以後かれの懐刀《ふところがたな》となっていった。

孔明の天下三分策は、劉備を前にして急に思いついたものではないであろう。かれの議論の根底には、明快な現実の分析がある。

「曹操は袁紹に較《くら》べれば、名声も部下の数でも劣っていたのに強くなったのは、時勢がかれに味方しただけではなく、たくみな計略と人望によるのである。いま曹操は天子（献帝）を推戴《すいたい》しており、これと争うことはできない。

孫権もすでに孫堅《そんけん》以来三代たち、これとも助け合うことはできても、その地を奪おうとすることはできない。

荊《けい》州は武を用うべき地であるが、劉表はここを守ることはできない。益州は天然の要害、土地も豊かであるが、劉璋《りゆうしよう》は愚《おろ》かであり、知能のある人たちは明君を求めている。

あなたは荊州・益州をわがものにし、孫権とは同盟を結ぶべきだ」

と説くのであるが、これは当時、曹操らが置かれていた環境をたくみに表現している。魯粛も孫権とはじめて会ったときに、孫権の宮殿で長椅子に坐し、二人だけで向かい合い、酒を飲みながら密談をかわした。その内容は、

「㈠漢室の復興はできない。㈡曹操はにわかに除くことができない。㈢あなたは江東に鼎立《ていりつ》して、天下の情勢を観望すべきである。㈣荊州の劉表を討って、長江流域を手に入れるべきである」

という四ヵ条に整理できよう。

魯粛が孫権と会談したとき、劉備はまだ北方で悪戦苦闘していたのだから、魯粛のアンテナにはもちろんひっかかってこない。しかし、漢室や曹操・劉表に対する評価には両者とも変りがない。ただ鼎立といっても、第三の男に誰を想定していたのであろうか。

とにかく孔明も魯粛も、曹操の勢力は動かせぬものとの認識に立って、これにどのように対応するかと考えており、荊州・益州に力を伸ばす余地ありと見、ここを支配下にいれて曹操と対抗しようとするのである。後に二人が赤壁戦を前にして会談する機会を得、劉備・孫権同盟を推進し、主戦論を強調したのも、すべてこの三分策から出発している。

正確な現状分析

こうした正確な現状分析は、当然、多くの情報収集と整理のなかから生まれてくることは、昔もいまも変りのないところであろう。しかし、現在のように、マス・コミュニケーションが発達していない時代に、どのようにして情報が集められたのだろうか。

話は後漢の滅亡のときまで下るが、献帝が曹丕《そうひ》に位を譲ったさいに、献帝が殺されたというニュースが、成都《せいと》にいた劉備の耳に入ってきたことがある。これは一例であるが、間違った情報も多かったに違いない。

正しい情報であれ、誤ったものであれ、とにかく情報の収集という点では、孔明が龐統《ほうとう》とか徐庶《じよしよ》などといった荊州士着の名士たちとつきあい、社交界に出入りして語り合うことのできたのは、大きなプラスになったであろう。

しかも孔明が住んでいた襄陽《じようよう》は、長江（揚子江）の支流漢水に臨んでおり、この水を利用して、上流は当時五斗米道《ごとべいどう》の張魯《ちようろ》が宗教王国を築いていた漢中に、下流は長江との合流点夏口《かこう》（武漢市）に通ずるし、まっすぐ北に陸路をとれば洛陽に、南に行けば江陵《こうりよう》に、北東に向かえば、曹操の根拠地許《きよ》に通ずるというぐあいに、交通の要衝《ようしよう》に位置しており、当然、襄陽に流れる情報の量は多かったに違いない。

魯粛《ろしゅく》の場合も、「かれは財産を分けて少年たちを糾合《きゅうごう》した」と見えているが、かれがこうしたグループを形成し主宰していたこと、魯粛の故郷が京滬《けいこ》線（旧津浦《しんぽ》線）に沿う交通路上にあることなど、情報の収集には当然有利であったはずである。

多くの情報を収集しても、それを分析して、正確に理解していくのは、個人の資質の問題である。よい知謀と計略を出せるかどうか、最終的には個人の才能におちつかざるを得ないであろう。

献帝擁立の策略

曹操に、自軍の陣営に献帝を迎えるよう進言した荀彧《じゅんいく》も、中国全体の進むべき道を考えながら策略を施した点では、孔明や魯粛と同じ系列に属する。もちろん年齢からいけば荀彧が年長であり、したがって天下が分裂に向かっているという見通しをもちえなかったという相違点はある。

建安元年（一九六）、献帝が長安を脱出して洛陽に帰って来たとき、曹操は帝を迎えようと考えた。その点、かれも抜け目ない策謀の士である。しかし、かれの臣下のなかには、「山東地方（現在の河北省から河南省の一部、そして山東省を含んだ広義の山東を指す）がまだ平定されていないし、献帝を洛陽に連れ帰った韓暹《かんせん》・楊奉《ようほう》らは、北方の張楊《ちょうよう》と連合しており、かれらを急には制することができない」といって反対するものがあった。

このとき荀彧は、つぎのように曹操を説き伏した。

「昔、漢の高祖（劉邦）が漢中の地から東に向かって項羽を伐ち、義帝のために喪服をつけたので（義帝というのは、戦国時代の楚《そ》の懐王の孫で、項羽や劉邦たちが共同の盟主として押し立てた人物だが、項羽は秦《しん》滅亡後これを殺してしまった）、天下の人はみな心を漢に寄せました。

さて、天子様が長安につれていかれてから、あなたはまず義兵を起こすことを唱えられましたが、山東が混乱しているので、遠い西の長安にまでご自身赴《おもむ》くことはできませんでした。しかし、それでも将軍を派遣し、危険を冒《おか》して長安に使者を出しており、地方におこった混乱を防ぐことに力を集中するとはいっても、心の中では王室を思わないことはありませんでした。これは将軍が天下を救おうとするのが、もとからの志であることを示したものでございます。

いま天子様が洛陽まで引き返してこられて、義士たちは天下の大本《おおもと》である漢室を存続させようとの思いをもち、人々はもとの漢のことをなつかしみ、天子様の御姿に哀しみを増しております。この機会を利用して、主上を奉じて民の望みに従うことが、大きな流れに順応することであります。公平な立場をとって、英雄たちを服従させるのが、大きな策略であり、義を広めることを扶《たす》けて、すぐれた人物を呼びよせることが、大きな徳というものであります。

天下に節義に逆らうものがあっても、累《わずらい》をなすことができないことは明らかであります。韓暹《かんせん》・楊奉《ようほう》はどうして害をなし得ましょうか。もしこの機会を失って天下の大勢を定めず、四方に野心を持つものが出てくれば、その後で天子をお迎えすることを考えようとしても、追いつかないでしょう」

この説得に従って、曹操は兵を率いて洛陽に赴き、献帝を擁して許《きょ》に還った。荀彧《じゅんいく》の場合は、中国人の常として、歴史的な事件を例に引きながら議論を進めているが、歴史的に考察すること、歴史を学び、そのなかで人がどのように行動したかを理解しておくことも、参謀の重要な条件の一である。

計略を生かす条件

荀彧は、のちに曹操を魏公にしようという議論が起こったときに、これに反対し、ついに曹操から自殺を迫られて死んでいくが、漢の復興を心から願った人であることは曹操に説いた言葉のなかにも見られる。曹操にとっては魏朝建設の第一歩となった策謀であったが、荀彧にとっては実は悲劇のはじまりであった。

なお、かれはその後も袁紹《えんしょう》と曹操の対決のなかで、曹操のために有効な計略を何度か勧めている。

荀彧と同じころ、袁紹の謀臣沮授《そじゅ》は、袁紹に献帝を擁立するよう説いているが、袁紹の受けいれるところとならなかった。

どんな立派な計略も、それが実行に移されなければ、絵にかいた餅《もち》と同じである。謀臣が後世に名を残すか否かは、それを採用するよき主君にめぐり会えるかどうかであり、主君の側からみれば、部下の能力を充分に発揮させられるか否かが、かれ自身の成功・不成功につながることになる。

組織化された現代の社会にあっては、個人の才能がなかなか認められにくい時代ではあるが、学ばねばならぬことであろう。

仲達と孔明のかけひき

計略というものは、いつも天下国家の大綱をにらんでなされるわけのものではない。むしろ、それは特別に記録される少数のケースであって、英雄豪傑が輩出して競い合うこの時期には、眼下の敵をどうやっつけるか、いかにして自分自身を守っていくか、といった類の計略が多いのであり、それがあるからこそ「三国志」が面白いのである。

仲達と孔明が最後に直接対決した〝五丈原《ごじょうげん》の戦い〟で、両者の虚々実々のかけひきには、興味をそそるものがある。

蜀の建興十二年、魏では青竜二年（二三四）二月、孔明は十万の兵を率いて、まず渭水《いすい》の南、武功（陝西省郿《せんせいしょうび》）に出撃した。これに対し、魏も大将軍司馬仲達を派遣して防がせた。

このとき明帝は、決して魏のほうから積極的に戦《いくさ》を仕向けないよう指示した。仲達はあえて渭水の南岸に出て、背水の陣を敷いたのである。そして部下たちにいった。

「孔明がもし勇者であったら、山ぞいに東に向かうであろう。西に行って五丈原に上ったら、わが軍は安全である」

孔明が東に向かえば急戦、西に行けば持久戦というのであるが、孔明のそれまでの戦法から、西に行くと読んでいたのではなかろうか。

孔明はそれまでの何度かにわたる魏との戦いでも、強行策はとらず堅実な作戦をとり、味方の将軍魏延《ぎえん》から臆病者呼ばわりをされたこともあった。はたして孔明は西に行って五丈原に陣を敷いた。そして長期戦に備えて屯田《とんでん》（軍屯）を開いた。

持久戦は仲達も望むところではある。しかし戦線が膠着《こうちゃく》しないうちにまず一戦と、郭《かく》淮《わい》・張当に命じて出撃させ、積石原《しせきげん》の戦いが行なわれて魏が勝った。その後もジャブの応《おう》酬《しゅう》はあったが、持久戦に入っていった。

五月から七月にかけて、呉が江夏ほか四ヵ所から魏に攻め込んだ。孔明の兄諸葛瑾《きん》も夏口（漢口）に出陣している。〃呉・蜀同盟〃が結ばれて十年あまり、はじめての連繫《れんけい》プレーといってもよい。孔明の指示要請があったとみてよいであろう。

魏もこれに対し、明帝みずから軍を率いて呉と戦った。明帝自身が動くとは呉・蜀のほうは思っていなかったふしもある。それで呉は局部戦では勝ったが、全体としてみれば敗戦であった。明帝はこれを見て、

「孫権が逃げたから、諸葛亮の胆《きも》も破れたことだろう」

と述べた。

「死せる孔明、生ける仲達を走らす」

呉の敗戦もそうであったが、かれ自身の健康の悪化が、孔明を苦しめ始めた。かれはしばしば白木づくりの輿《こし》に乗り、葛巾《かっきん》（葛《くず》の繊維で作った頭巾）をかぶり、軍扇を手にして、先頭に立って戦いを仕掛けたが、仲達は決して戦おうとはしなかった。孔明のいでたちをみて、「諸葛君は名士というべきだ」というばかりであった。

孔明は、ここは仲達に腹を立てさせて、腹立ちまぎれに出陣させようと、女性のかぶる

巾幗《きんかく》（ベール）と婦人用の服を仲達に贈った。ちっとも戦争に出てこない、まるで女ではないかというのである。

これには仲達も立腹し、明帝あてに上表して、出兵させてほしいと頼んだが、明帝の答は「待て」であった。そして軍師として辛毗《しんぴ》を派遣して、仲達の行動を監視させた。仲達が兵を出そうとすると、辛毗がいつも明帝から賜った節（旗じるし）を杖にして軍門に立つので、動けないのである。

しかし孔明は、これをすべて仲達の芝居とみていた。姜維《きょうい》が、

「辛毗が出て来たからには、魏はもう戦争をいたしますまい」

というと、孔明は、

「それは前からわかっていることだ。かれはぜんぜん戦う意志はないのだ。明帝に軍を出してよいか願い出たのは、衆人に対するジェスチュアにすぎない。「将軍は戦場に臨めば、君主の命も聞かない」という鉄則があるのだから、ほんとうに武力で制圧する意志があるなら、中央に伺いを立てないだろう」

と答えている。孔明も最初から結果を予想して巾幗を贈ったもののようだ。まるで幾十手も先を読んで戦われる将棋の名人戦を見る思いがする。

こうしたかけ引きのなかで、仲達は思いもかけず孔明に関するひとつの情報を手に入れ

た。蜀から魏にやって来た軍使との雑談のなかで、仲達はなに気なくたずねた。

「孔明は何時に起き、何時に休まれるか。食事はどれくらいめしあがるか」

軍使も、質問が直接戦闘にかかわることではないので、あっさりと答えた。

「朝は早くから起きられ、お休みになるのは遅うございます。鞭《むち》二十以上の罪は必ず自分で裁決されます。食事は一日に三~四升（一升は日本の一合にあたる）でございます」

このわずかな言葉を炯眼《けいがん》の仲達は見逃さなかった。かれは、孔明が働きすぎで睡眠不足、しかも健康状態が思わしくないのを悟ったのであった。軍使が帰った後、ぽつりといった。

「孔明は死ぬだろう」

何が敵側に味方の機密を洩《も》らすことになるか知れない。仲達がますます持久策をとったことは当然である。八月、孔明は没した。

しかし、孔明はさすがに軍師である。自分が死んだあとの撤退《てったい》の手順まで、すべて決めておいた。そのプランのなかには、後退の途中で楊儀《ようぎ》が軍旗を翻《ひるがえ》して引き返し、追う仲達の軍を防ぎとめることも入っていた。楊儀の動きを見て、仲達は孔明にはかられたかと、追撃の軍を止める一幕もあった。これが「死せる孔明、生ける仲達を走らす」の言葉を生み出したのである。『演義』では、このとき、孔明の木像を四輪車に乗せ、姜維《きょうい》が槍をかまえて魏軍に立ち向かうとなっている。

仲達は兵の去った蜀の軍営の跡を見て、「さすが立派な陣立てだ」と感心した。

司馬仲達のクーデター

仲達は曹爽《そうそう》と魏国内の主導権争いに敗れて、病と称して引きこもったが、老いてますます老獪《ろうかい》になり、本心をかくし通して相手側を攪乱《かくらん》させ、ついにクーデターを成功させる。『演義』第一〇六回「公孫淵《えん》、兵敗れて襄平《じょうへい》に死し、司馬懿《い》、病を詐《いつわ》りて曹爽を欺《あざむ》く」の条であり、ほぼ陳寿『三国志』曹爽伝に引かれた「魏末伝」によっている。

正始八年（二四七）、司馬懿《い》（仲達）は病気と称して引きこもっていたが、その翌年の冬、曹爽派の李勝が本籍地の荊州《けいしゅう》刺史《しし》（州の長官）に任じられたので、あいさつかたがた仲達のようすを探りにきた。これは常套《じょうとう》の策略である。

李勝が司馬懿の所に赴《おもむ》き、「おかげでこのたび本州（本籍地）の刺史になれました」とあいさつすると、懿は二人の下女につきそわれて出て来たが、彼女らに着物を持たせているものの、それがずり落ちてくる。また口を指さして、のどがかわいたといおうとする。侍女が粥《かゆ》を勧めると、かれはおわんを手にもって粥を啜《すす》ろうとするが、粥はみな流れ出て、胸にべったりとくっついてしまった。

李勝はあわれに思い、涙を流していった。

「いま、主上は幼いし、天下はあなたにたよっている。ところが多くの人は、あなたに持病の中風が再発したと申しております。このようにおなりとは思いませんでした」

仲達はおもむろに話し出したが、ゆったりとした口調であるのに、それでも息をやっとつづけるありさまで、

「年をとって病にしずみ、死は旦夕《たんせき》の間にある。あなたは幷《へい》州に行かれるそうだが、幷州は胡《えびす》の地に近い。うまくやりなさい。二度とお会いすることはないでしょう。どうしたものか」

本州の本と、幷州の幷は同じ子韻から始まる。しかし洛陽から見て、荊州は南、幷州は北で、方角がぜんぜん違う。

李　勝「本州をかたじけなくしたので、幷州ではございません」

司馬懿「あなたは幷州に行かれる。努力し自愛されよ」

李　勝「いや、荊州をかたじけなくしたので、幷州ではございません」

司馬懿「私は年老いて、ぼけてしまった。あなたのおっしゃることがわからなかったのだ。本州に帰られたらしっかりがんばって下さい。あなたとお別れしたらもうお

会いできまい。お別れの食事をさしあげたい。二人の息子、師と昭とも仲よくしてやってくれ」

といって涙を流し、嗚咽《おえつ》する。耳も悪く、いうこともよくわからないようすである。李勝は帰って曹爽にありのままを告げ、

「もう太傅《たいふ》（司馬懿）閣下の病気はなおらないでしょう。いたましさを感じさせます」

といい、曹爽側はすっかり安心してしまった。ところが、これがすべて敵を欺《あざむ》くお芝居だったのだから恐れいる。翌年一月、クーデターを起こし、曹爽をはじめ、何晏《かあん》・李勝などはみな誅殺《ちゅうさつ》された。

政治家にとって、病気であると噂されるのは、それだけでも致命傷なのに、わざと重病人のふりをして敵を安心させる謀略であった。

先の先を読む

呉では魯粛《ろしゅく》・周瑜《しゅうゆ》・呂蒙《りょもう》・陸遜《りくそん》と、相ついで謀臣が輩出するが、かれらの行動の目標は、主として劉備との関係をどうするか、いいかえれば揚子江流域をどのようにして確保するかにあった。

周瑜は赤壁戦後、いち早く江陵《こうりょう》を占領した。江陵は揚子江の中流にあって、戦略上重要

な地点であることは誰しもが認めるところであった。曹操が赤壁戦前、まず占領したのもこの地であるし、赤壁で破れたときも、自身は北に逃げ帰ったが、曹仁《そうじん》に命じてこの地を確保させようとした。

そこで周瑜は、程普《ていふ》・甘寧《かんねい》・呂蒙《りよもう》らに役割を分担させて、江陵・夷陵《いりよう》（宜昌）を制圧した。この戦いのさなか、周瑜は流れ矢にあたって右脇を負傷するが、曹仁がかれの起ち上れないうちにと攻め込んでくると、負傷を押して起ち上り、軍士を激励して回って、曹仁を打ち破ってしまう。それほどにぜひ勝たねばならぬ戦いであった。

『演義』では、この周瑜の負傷を種にして、孔明が三度にわたり周瑜を気絶させ、ふさがりかけた傷口が広がって周瑜の命が危うくなる話を展開している。これは孔明と周瑜のライバル意識をかき立てる物語となって、人々を興奮に誘い込むが、もちろんこれは完全な脚色である。

さて、これほどに周瑜が江陵に執着したのは、それが益州を手に入れるための布石ともなるからである。赤壁の戦いは曹操を北に追いやり、呉・蜀同盟も成功したが、その裏で荊州領有をめぐっての劉備・孫権の争いが幕を開けた。ひとつの問題が解決すると新しい問題が生じるのは、われわれのよく経験するところであろう。周瑜は孔明の〝天下三分策〟の内容をすでにこのころには知っていたであろうから、当面の荊州問題につづいて当然生じる益州領有問題をも睨《にら》んでの作戦でもあった。いわば先の先まで読んでいたわけで、周瑜のなみなみならぬ謀臣ぶりが伺えるが、未来への見通しをしっかりさせておくことは謀臣の必要条件であろう。

一方、劉備は赤壁戦後、左将軍となり、荊州の長官を兼ねることになると、荊州牧《ぼく》の資格で江陵に駐屯しようとした。しかし、すでに江陵は周瑜が占領しているので、仕方なく対岸の油江口《ゆこう》を公安と改めて、ここに駐在することになった。こうして周瑜は劉備の行動を監視することができ、第一ラウンドは周瑜の勝ちであった。

参謀同士の知恵くらべ

劉備が孫権のもとに出かけて行くのを知ると、周瑜は上表文を出していう。

「劉備は梟雄《きようゆう》であり、熊虎のような関羽・張飛を引き連れているから、必ず長いあいだ人のために働くようなものではない。だからこの機会に劉備を引きとめておいて、盛大に宮室を築き、多くの美女を侍《はべ》らせて、耳目を娯《たの》しませ、関羽と張飛の二人を別れ別れにして、たとえば私のようなものに命じてはさみうちにして攻めさせれば、大事業は成功するであろう。いま、みだりに土地を分割してもとでを与え、この三人を同じ場所に集めておけば、蛟竜《こうりゆう》は雲雨を得て池の中の物ではなくなるであろう」

劉備ら三人を分断して、その勢力をそごうというのである。

劉備にとって幸いだったのは、魯粛が周瑜の案に反対し、孫権も「曹操が北方にいるから、いまは英雄（劉備）の心をしっかりつかまえておかねばならぬ」と考えたので、この案は実行に移されなかった。

孔明は周瑜のこの計画を察していた。おそらく情報網を張りめぐらしていたのであろうし、また論理的にも充分考えられる計画でもあったろう。かれは劉備に、「呉の内情は必ずしも自分たちに好意的でないのだから」といって、劉備が孫権を訪問することに反対している。

案の定、謀臣孔明の意見を聞き入れずに行動して、劉備は危機に陥ったが、孫権のほうも参謀の間に意見の不一致があって、危機は解消されたのである。劉備にとっては僥倖《ぎょうこう》に恵まれたことになり、孫権にはあたらチャンスを失う結果をもたらした。

劉備は後にこのときのことを回想して、

「天下の知恵者の見るところはみな同じだ。孔明が私をとどめようとしたのも、このことを心配したからだったのか。あの時はぜひとも行かなければならなかった。しかしほんとうに危険なことであった。周瑜につかまるところだったわい」

と述懐している。

周瑜は劉備を捕《とら》えておく計画が実現しなかったので、益州を支配下にいれる目的を実行しようと思い、今度は直接自分から出かけて行って孫権に意見を述べた。

「いま、曹操は戦争に敗れたばかりで、国内に心配事が絶えない。孫将軍よ、とてもあなたと戦争をすることはできないでしょう。奮威《ふんい》閣下（奮威将軍孫瑜《ゆ》、孫権の甥）と私とでまず蜀に入り、蜀を手にしたら張魯《ちょうろ》を併合し、そして奮威閣下を留めてその地をお守りいただくと同時に、馬超《ばちょう》と同盟を結びましょう。一方、私は引き返して襄《じょう》陽《よう》を根拠地にして、孫将軍とともに曹操を討てば、華北も手中にすることができましょう」

益州を手に入れ、さらに益州・荊州の二方面から華北に攻め込もうという大計画であった。孫権はこの計画の実行を認めた。しかし、準備中に周瑜は病死してしまった。

黄蓋《こうがい》の「火攻《ひぜめ》の計」

話は前後するが、〝赤壁の戦い〟は孫権・劉備の連合軍と、曹操の戦いであったが、実戦面で活躍したのは孫権の武将であり、それも周瑜《しゅうゆ》を指揮者とする部隊であった。黄蓋はそのなかでも「火攻の計」をもって、曹操軍に決定的な打撃を与えたのである。

黄蓋は孫堅時代からの呉の武将であった。かれは赤壁の戦いを前にして、敵・味方の軍勢を比較すると、敵側が圧倒的に多く、持久戦に持ち込んでは不利であると考えた。しかるに曹操側の軍船を見ると、首尾相接しておりこれを焼き払うことができると見た。そこで黄蓋は詐《いつわ》って曹操に降伏し、曹操の水軍に近づいたところで、船に火をかけて焼き払ってしまおうと考えたのであった。

そしてかれはまず曹操に降伏したいと申し込んだ。曹操はなぜこの策略を見抜けなかったのだろうか。裴松之《はいしょうし》の引いた「江表伝」では、曹操は黄蓋からの使者（『演義』では、呉の有名な学者闞沢《かんたく》が使者であったとしている）にひそかに会見して、「ただおまえのいうことが詐りではないかと恐れるだけだ。もしほんとうならば、いままでにない褒美《ほうび》を与えよう」と、口ずから述べたというから、まったく疑念がないでもなかったようだ。

おそらく曹操には、周瑜・魯粛が呉国内ではねあがって主戦論をとり、張昭らの宿将《ベテラン》たちと対立していること、黄蓋も宿将の一人であり、降伏を申し込んだ文書の中にも、「周瑜や魯粛は浅はかで、愚かな策を抱いており、かれらの気持ちがわからない」といっているので、信用する気になったのであろう。謀略もそれに真実らしさがあればあるほど、相手側を迷わし、効果があるのである。

さて、黄蓋の船が曹操の軍船に近づいていくと、曹操の陣営では「黄蓋が降《くだ》るぞ」と大喜びになったが、突然火だるまになった小舟が水上を走ってきて、たちまち味方の船に引火し、焼き払われてしまった。

なお『演義』では、孔明が周瑜の心中を見抜き、七星壇（北斗七星を祭る祭壇）を作って、この上で天神に祈願を行ない東南の風を吹かせたとあるが、これももちろん『演義』の創作である。黄蓋《こうがい》は湖南零陵《れいりょう》の人であるから、十月ごろの風向きなども熟知していたのであろう。

なお「江表伝」では、「曹操が赤壁戦後、孫権に手紙をおくり、「赤壁で敗れたのは疫《えき》病《びょう》がはやったからである。私自身が船を焼いて退いたので、周瑜に虚名を馳《は》せさせた」と書いた」と記している。陳寿はこの資料を採用しなかったが、この記事が、「江表伝」という呉の側の資料である点に興味がある。

〝赤壁の戦い〟

赤壁の戦いは、「三国志」の前半の大きな山場であるので、『演義』ではこの戦いをめぐって、英雄たちが数々の計略を考え出したように脚色して話を展開している。

例えば「苦肉の計」がある。陳寿の『三国志』では、曹操がなぜ簡単に黄蓋の降伏の申し出を受け入れたか、もうひとつ納得がゆかない。そこで『演義』では、周瑜と黄蓋が芝居を打って、二人の仲の悪いことをわざと曹操方のスパイに聞かせようとしたというのである。

曹操のもとから蔡仲《さいちゅう》・蔡和《さいわ》の二人が、周瑜の所に降伏してきた。しかし、周瑜はそれがいつわりの降伏で、実は呉の内情を偵察に来たものであることを見抜き、逆にかれらを利用しようと考える。

夜中に黄蓋が周瑜のもとを訪れ、曹操の舟を焼きうちする計略を勧めると、周瑜は、「自分も焼き打ちを考えているが、曹操のもとに降参といつわって行ってくれるものを探している」と答える。すると黄蓋は、自分がその役目を引きうけようと申し出る。周瑜は「それには痛い目を見ないでは敵は信用すまい」というと、黄蓋はそれは充分承知の上だと答える。

翌日、会議の席上、黄蓋は周瑜の意見にわざと反抗し、周瑜から背中を棒で百叩《たた》かれる刑を受ける。蔡仲・蔡和は逐一それを見て曹操に報告したので、曹操は黄蓋からの降伏の申し出を受け入れるというのである。

また周瑜と孔明の対立意識と、孔明の知略を示す話として、次のようなくだりが見える。

本陣での軍議の席上、周瑜は孔明に十万本の矢を十日以内に製造するよう依頼する。孔明はこれに対し、三日の間に十万本を調達しよう、もしできなければ厳罰に服する起誓文《きしょうもん》を立てよう、と約束する。孔明はその場をさがると、同じ孫権の家臣でも孔明に好意的な

（このことは陳寿の『三国志』も認めている）魯粛《ろしゅく》に、二十隻《せき》の船と、船ごとに三十人の兵士を貸してくれるよう依頼する。そして、船には青い布の幕をはり、草のたば千束ほどを立てならべ、三日目の夜ふけにその船を揚子江に浮かべて曹操の陣営に近づいた。そして曹操方が射かける矢をすべて草のたばに受けて帰り、約束どおりに十万本の矢を調達したのである。

以上の話は、『演義』第四六回「奇謀を用いて孔明箭《や》を借り、密計を献じて黄蓋刑を受く」に見えるところである。

息もつけぬ攻防戦

もう一つの話を紹介すると、赤壁で水軍を焼き払われた曹操は、陸路をとって落ちのびてゆくが、烏林《うりん》の西、宜都《ぎと》の北のあたりにさしかかった。見ると樹木が一面に生いしげり険阻《けんそ》な地であった。曹操は馬上でからからとうち笑い、

「周瑜も孔明も知謀あさはかなものじゃ。もし私が攻め手なら、この辺に一軍を伏せておいたろうに」

といったが、その言葉が終らぬうちに、太鼓の音がひびき渡り、かねて孔明からいいつけられてかくれていた趙雲《ちょううん》があらわれた。趙雲の攻撃を辛うじて振りきった曹操が、胡盧《ころ》

口《こう》まで来て林の中に腰をおろし、またも天を仰いで大笑し、周瑜・孔明の知恵の足りぬことを笑うと、今度は張飛《ちょうひ》があらわれる。

このたびも辛うじて逃げ出した曹操は、華容《かよう》へと向かうが、途中飢えと疲労で地面に倒れるものが多く、わずか三百騎あまりがつき従うことになった。このとき曹操がまたまた笑い出して、孔明・周瑜がこの地に兵を伏せておかぬ無能さを笑うと、その言葉の終らぬうちに、今度は関羽《かんう》が赤兎馬《せきとば》に乗って登場してくる。そして曹操の命もきわまったかと思われたが、関羽は曹操から「かつておまえを厚くもてなしたではないか。おまえが私の所から劉備の所に逃げていくとき、五つの関所を破り、六人の大将を斬《き》ったにもかかわらず命を助けてやったではないか」といわれて、ついに曹操を見逃してしまうのである。

ここはまさに曹操と孔明・周瑜の知恵くらべということになるが、劉備の部将に張飛・趙雲・関羽の甲乙つけがたい三人がおり、また「三顧の礼」に見られるように、三という数字を好むこともあって、三回同じ趣向があらわれる。面白いけれどもややくどい感じがしないでもない。

なお、関羽は劉備のもとに帰ると、曹操を見逃したかどにより一命をさし出さんことを申し出、孔明も軍律を正すために死刑を執行しようとしたが、劉備自身が命乞いをしたので助かった。『演義』の作者にそういう意図があったのかどうかはわからないが、「泣いて馬謖《ばしょく》を斬った」孔明と、関羽の命《いのち》を乞うた劉備の姿が対照的である。

呂蒙《りょもう》の深謀遠慮

呂蒙は周瑜《しゅうゆ》の配下にあったが、「呉下の阿蒙《あもう》にあらず」と称されるほど、文武両道に進歩を見せた。

魯粛が周瑜の後を受けて江陵を守ることになったとき、呂蒙はかれを訪れ、関羽に対処する策五ヵ条を魯粛に説いて、粛から、「あなたは呉にいた時代の武略一点ばりの人物ではなくなっている」と感心されたのであるが、その五ヵ条の具体的な内容は伝わっていない。

しかし魯粛が死んだ後、今度はかれ自身が関羽と隣り合うことになり、ついに関羽を討ち、荊《けい》州全域を呉のものにすることに成功した。これはかれの旧主周瑜の意志をついで、劉備に打撃を与える成果をあげたことにもなった。

呂蒙は当面の敵関羽が傲慢《ごうまん》で、君子を軽んずる傾向があり、部下の将軍たちとの間がしっくりしていないことを知った。したがって江陵に残されている留守部隊を攪乱《かくらん》することができると見たのである。

関羽も襄陽《じょうよう》攻撃に出陣したものの、後方からの呂蒙の襲来を恐れて、多くの軍隊を残しておいた。そこで呂蒙は関羽の留守の間に江陵を奪い、関羽を倒して荊州全域を呉の支配下に収めるように、次のような計略をたてた。直線的に出るのでなく、迂回《うかい》作戦をとろうとするのである。

かつて呂蒙は病気をしたことがある。そのことは関羽も知っているわけだから、病気治療を名目としてまず建業に帰る。関羽は安心して残しておいた軍隊を魏との戦争に投入するに違いない。そのときに呉が大軍を動員して攻め込めば、関羽の根拠地を奪い、関羽を捕えることができるというのである。

呂蒙が病気が重くなったと称すると、孫権はかれに帰国を命じた。その命令は秘密の形をとらなかった。関羽は呂蒙の考えたとおり、軍隊を襄陽方面に移動させた。

呂蒙が建業に帰ると、陸遜《りくそん》がたずねて来て談話をかわし、呂蒙はかれを自分の後継者に指名し、孫権もそれを認めた。陸遜の名前は関羽にはまだよく知られていないから、関羽はすっかり安心し、呉に対する備えをますますゆるめるであろうと、関羽のことを頭の中に入れての行動である。

関羽は魏を圧倒し、魏将于禁《うきん》らの人馬数万をとりこにしたので、食糧が乏しくなった。そこで呂蒙は精兵を大艦の中にかくしておき、召使いのものに商人の服装をさせて櫓《ろ》をあやつらせ、昼夜兼行して川をさかのぼり、関羽側の物見《ものみ》の兵を、かれらの油断にまかせてことごとく捕えて縛りあげてしまった。このため関羽は、後方との連絡手段を奪われてしまった。また関羽にかねてより怨《うら》みをもっていた江陵の留守居役の士仁《しじん》・麋芳《びほう》らが呉に降《くだ》り、陸遜の活躍、魏の反攻もあって、関羽は戦死し、劉備は荊州を放棄せざるを得なくなったのである。

敵の弱さを見ぬく

陸遜は建業に帰って来た呂蒙と会うと、呂蒙の策略をただちに理解した。そこで呂蒙は陸遜の才能を認め、かれを自分の後継者として孫権に推薦《すいせん》したのであるが、呂蒙自身が、かつて魯粛《ろしゅく》に関羽に対する作戦五ヵ条を述べて認められたのだから、人間の運命というものは不思議なものである。しかし、自分の属する組織の抱く問題点がどのようなものであるかを理解して、それに対応する策を常に考えていたことが、出世の緒《いとぐち》となったことは疑い得ない。

「陸遜は考えが奥深いし、重い任務にもたえられる才能をもっている。そのうえ、遠いところにまでその名が聞こえていないので、また関羽から忌《い》まれることもない。もしかれを用いたならば、わが方の考えをくらますことができるし、情勢を察して勝つことができるであろう」

これは孫権に陸遜を推薦するさいの呂蒙の言葉である。そして劉備にとって不幸なことは、関羽が完全に呂蒙の術中に陥って、呂蒙の思うとおりに行動したことであろう。

陸遜は着任すると、関羽に書簡を送っているが、関羽は陸遜などは無名のものでたいしたことはないと思い、またかれに送られてきた手紙がへり下ったものであったので、すっかり安心して、警戒することもなかった。関羽のこの態度をみて、陸遜が孫権に情勢を報告して派兵を要求し、関羽は敗れてしまったのである。

陸遜はつづいて起こった夷陵《いりょう》の戦いで、劉備が攻め込んでくると、最初はじっと我慢して戦おうとせず、七、八ヵ月もたってから攻撃を命じた。部下たちが、いまは相手の城砦《じょうさい》も堅固になっているのにと、不審に思って尋ねると、

「敵が攻め込んで来たときは、精鋭で精神力も集中しており、たちうちはできない。しかしいまは敵軍は疲れて意気も沮喪《そそう》しているから心配することはない」

と答えた。そして呉の得意の「火攻《ひぜめ》の計」をもって、劉備を大敗させたのであった。

ここに挙げたいくつかの例からもわかるように、よい策略というものは、適確な現状分析と、冷静な判断力、そして相手の心理を読んだ行動、平素からの熱心な研究心などのつみ重ねの上に生まれてくるものといえよう。

2　選択と決断

複雑に入りくんだ情勢

謀臣がどんなに立派な策略を述べても、君主がそれを採用しなければ、絵にかいた餅《もち》となってしまう。またそれが採用されても、うまく時機を得て行なわれなければ、充分の効果はあげられないし、かえってマイナス面が出てくるかもしれない。そこに責任ある地位に立つものの、選択と決断が迫られるのである。

建安五年（二〇〇）八月に行なわれた袁紹《えんしょう》と曹操《そうそう》の〝官渡《かんと》の戦い〟は、華北の覇権《はけん》を争っての天王山の戦いであったが、劣勢を噂される曹操が勝ちを占めた。

また建安十三年（二〇八）十二月の〝赤壁の戦い〟は、曹操と、劉備・孫権の連合軍の戦闘だが、天下分け目の関ヶ原といえるであろう。勢いに乗ったはずの曹操が今度は敗れてしまったのである。

この二つの戦いをとりあげて、選択と決断がいかに重要かについて書いてみよう。

まず、官渡の戦いの直前の中国を鳥瞰《ちょうかん》してみよう。すでに袁術はその前年に病死し、長江の下流は、袁術に属していた孫策が勢力を固めようとしていた。その西側、長江の中流域である荊《けい》州には劉表が州牧《ぼく》となっていて、一応、安定していた。ただし孫氏と劉表の間には小競合《こぜりあ》いがあり、孫策の父孫堅は、劉表の部将黄祖《こうそ》によって殺されていた。

長江の上流益州は、劉璋《りゅうしょう》が州牧となっている。ここも内部には小さな争いがあり、また五斗米道《ごとべいどう》の張魯《ちょうろ》も布教の戦線を張っており、問題を抱えてはいるが、まだ中央の政局とは無関係の所であった。

華北では袁紹が公孫瓚《こうそんさん》を倒した直後で、冀《き》州牧として鄴城《ぎょうじょう》にいるが、家柄もよく、長子の譚《たん》を青州に、中子の煕《き》を幽州に、そして甥の高幹《こうかん》を幷《へい》州の牧に任じ、衆数十万、審配《しんぱい》・逢紀《ほうき》が軍事を統《す》べ、田豊《でんぽう》・荀諶《じゅんしん》・許攸《きょゆう》が参謀となり、そして顔良《がんりょう》・文醜《ぶんしゅう》といった猛将がおり、沮授《そじゅ》が軍師である。十万の精鋭と一万の騎兵が許《きょ》を攻めようとしていた。

その許には、いうまでもなく曹操が漢の献帝を迎えて、天下に号令しようとしている。

劉備もつい最近までは曹操を頼って許にいたのであるが、一方では、董承《とうしょう》の計った曹氏誅滅《ちゅうめつ》計画にひそかに加担していた。曹操はこの劉備の心の動きをどこまで知っていたのであろうか。まったく気がついていなかったとは考えられぬふしもあるが、ともかく袁術の北上を食いとめさせるために、劉備を徐州に派遣した。しかし、袁術が北上の途中で死んだので劉備はそのまま小沛《しょうはい》（江蘇省沛）に止まっていた。

曹操はこのとき小さなミスを犯している。それは程昱《ていいく》・郭嘉《かくか》などの謀臣から「許から劉備を手ばなしてはいけない」といわれて、あわてて追いかけさせたが、追いつけなかったことである。

建安五年（二〇〇）、董承らの計画が洩《も》れて一味は誅殺《ちゅうさつ》され、劉備も曹操の部下から攻撃を受けたので、袁紹のもとに赴《おもむ》こうと考えていた。

また曹操は袁紹との戦いを前に、南方の孫氏の動きを封じようと、政略結婚をはかり、自分の姪《めい》を孫策の末弟孫匡《そんきょう》に嫁がせ、自分の子の曹章《そうしょう》のために孫氏の娘を娶《めと》った。そして孫策の弟孫権を茂才（秀才）の名目で、漢の皇帝に推薦した。ただしこれらの計略は実効をおさめるにいたらず、前にも述べたように、孫策は官渡の戦いの最中に、許を攻めて献帝を奪い取る計画を立てるのである。しかしそれを実行に移そうとする直前に、刺客に殺された。魏・蜀両国にとって孫氏が同盟のパートナーとして、つねに安心できぬ相手であったことは、すでにこのころよりみられるのである。

慎重論と急戦論の対立

さて、建安五年二月、袁紹《えんしょう》は南下軍を発し、みずからも黎陽《れいよう》（河南省濬《しゅん》）に出撃した。

このとき袁紹のために檄文《げきぶん》を書いたのは陳琳《ちんりん》という男である。名文家として知られるが、曹操の祖先のことをくそみそにやっつけた。かれはのちに曹操に降《くだ》り、〝建安七子〟の一人として活躍するが、曹操は降参してきた陳琳に向かい、「私の悪口はよいとして、祖父や父のことをあんなにまでいわなくても」と、語りかけたという。

それはさておき、ここに至るまでに、袁紹側ではこの時機での出兵の可否をめぐって論議が交わされ、紹は沮授《そじゅ》らの慎重論をふり切り急戦論にふみ切った。しかも急戦論にふみ切りながら、曹操を叩《たた》くのに絶好のチャンスを失するなど、選択と決断にいくつかのミスを犯した。

袁紹に南下の意のあることを知ると、沮授・田豊《でんぽう》らが諫《いさ》めていった。

「ここ数年の間、戦争がつづき、人々は疲弊《ひへい》しております。官の倉庫には備蓄もなく、賦役《ふえき》がさかんに人民にかけられています。これは国家の大きな心配事です。ここはまず（公孫瓚との戦いの）戦利品を天子に献上して尊皇の意を示され、領内では農業につとめ、民の生活を安らかにされるべきです。もし天子と連絡ができない場合には、曹操が私と天子との交通路を遮断《しゃだん》しておりますと申し上げるのです。そうしてから黎《れい》陽《よう》に軍をとどめ、しだいに河南を経営して、船艦を多く作り、武器を修繕し、精鋭なる騎兵を派遣して許《きょ》の周辺地域を荒らし回り、曹操に安心させないようにしつつ、わが方はその間安楽を貪《むさぼ》れば、三年の間に目的はきっと成就《じょうじゅ》するでしょう」

沮授とても非戦論者ではない。しかし、なるべくならいまは戦闘を避けて、賊《ぞく》の汚名を曹操にきせ、じっくりと時間をかけて曹操を倒そうというのである。

これは文臣側からの意見である。これに対して武官の審配《しんぱい》・郭図《かくと》らは、急戦論をとった。

「兵法（孫子）には、「味方の軍が敵の十倍であれば包囲し、五倍であれば攻め、対等であれば戦う」とあります。いま、あなたのはかりしれない武徳をもって、河北の強い兵士を擁して曹操を伐《う》つのは、たとえば手を覆すほどの容易なことです。いまその時期に取らなければ、後には奪いにくくなるでしょう」

武官と文官の対立

軍人はいつでも戦争好きである。優勢な武力をもちながら、何をぐずぐずするのかというのである。これに対し沮授は反論する。

「乱を救い、暴を誅《ちゅう》するのを義兵といい、衆をたのみ、強にたよるのを驕兵《きょうへい》という。兵が正義であれば無敵であり、驕《おごり》であればまっ先に滅びる。曹氏はいま天子様をお迎えして、許都の宮殿に安《やす》んじまつっております。いま軍隊をこぞって南に向かわせれば、義に違《たが》うことになります。そのうえ、曹氏の法令はすでに行なわれ、士卒も精鋭でよく訓練されております。あの公孫瓚《さん》のように、何もせずに囲まれるようなものではありません。いま絶対安全な策を捨て去って、名目のない兵を興《おこ》すのは、ひそかにあなたのためにおそれます」

沮授はやはり孫子の〝義兵・驕兵の説〟を根拠にし、ここで出兵すれば、それは驕兵にあたるとして反対したのである。しかし、郭図も譲らなかった。

「周の武王が殷《いん》の紂《ちゅう》王を伐《う》ったが、これを不義とはいわない。ましてや曹操を攻めるのに名分がないといえましょうか。そのうえあなたの軍隊は勇武、臣下は力を出しつくし、将士たちは怒りたけり、人々はそれぞれ走り回って手柄を立てようとしています。チャンスがきているのに、すみやかに大業を成しとげずにいるのは、考えすぎの過失というものでしょう。

そもそも天が与えてくれたものを取らないと、かえってその咎《とが》を受けるものです。これこそ昔、越《えつ》の王が覇者となり、越のライバルであった呉の王が敗れた理由であります。監軍閣下（沮授のこと）の計は、軍を持ちこたえることを考えて、時勢に応じて機が変化するのを見るものではありませぬ」

こうした主戦論と慎重論とが対立したとき、必ず人の気をそそるものは、景気のよい主戦論である。だがそれが往々命取りとなって亡びる例がいくつかあるが、袁紹もその例となった。袁紹はついに主戦論に加担したのである。沮授はここに三たびその意見が受け入れられなかったことになる。

また、意見の対立につづいておこるのが中傷合戦である。郭図らは袁紹に向かい沮授がこれ以上権力を振るうようになったらどうするかなどといって、沮授をそしっている。

機会をどうとらえるか

一方、曹操は建安五年一月、小沛にいる劉備を親征すべく出陣した。このとき袁紹の部下で、前には沮授とともに慎重論を主張した田豊が、いまこそ曹操の背後を攻めるべきであると進言した。ところが袁紹は、なんと子供の病気を理由にして出兵を許さなかった。田豊は杖を挙げて地を叩き、「そもそも会いがたき機会に遭遇《そうぐう》しながら、赤ん坊の病気のゆえに、その機会を失うとは惜しいことだ」とくやしがった。そのうちに曹操は劉備を撃破して許《きょ》に還《かえ》り、袁紹が曹操の留守を襲う機会は永遠に去ってしまった。なおこの戦いで、劉備は敗れて袁紹のもとに走り、関羽は曹操に捕えられた。

曹操が劉備を親征しようとしたとき、操の陣営内にも反対の声がおこった。

「公（曹操）と天下を争うものは袁紹です。いま袁紹がやって来ようとしているのに、それをすておいて東に向かい、紹がわが軍の背後を襲って来たらどうなさるのか」

田豊が袁紹に勧めていた作戦が問題としてとりあげられており、それが実行に移されるのではないかと、曹操側でも危惧《きぐ》していたのである。それは誰でもちょっと気のきいたものならとる策だからである。ところが曹操の答は、

「そもそも劉備は人傑である。いま叩《たた》いておかなければ、必ず後の患《うれい》となるであろう」

と劉備を高く評価した。そして、

「袁紹は大志を抱いているとはいっても、時機を見るのがおそく、きっと動かないであろう」

と、袁紹の動きを完全に見抜いていた。敵から見抜かれているようでは、よい結果が得られぬのは昔もいまも変らない。

袁紹がのろのろして決断に乏しく、機会を見逃す短所があるということは、すでに荀彧《じゅんいく》が早く建安元年（一九六）ごろから指摘していたし、建安三年ごろには、荀彧と孔融《こうゆう》が次のような対話を交わしていた。

孔　融「袁紹は広い領土をもち、兵も強い。田豊《でんぽう》・許攸《きょゆう》ら智計の士が謀《はかりごと》をなし、審配《しんぱい》・逢紀《ほうき》らの尽忠《じんちゅう》の士がその実行に当たり、顔良《がんりょう》・文醜《ぶんしゅう》は三軍に冠たる勇者であって、その軍隊を統率している。これに打ちかつのはむずかしい」

荀　彧「袁紹の兵は多いとはいっても、法が整っていない。田豊は剛直で人の気持ちを

犯しがちである。許攸は貪欲《どんよく》であり、審配は専断を行なって無謀、逢紀は果断であるが自分の考えをそのまま用いる。顔良・文醜は血気にはやるだけであり、一戦してとらえることができる」

沮授については論評が行なわれていないが、よく袁紹側の人物の性質を見抜いていたといえよう。

〝白馬の戦い〟

さて、袁紹は最初の第一歩でつまずいたが（もっとも本人はそうは思っていなかったろうが）、二月に郭図・顔良らに東郡（河南省濮陽《ぼくよう》）を攻めさせるとともに、自身は黎陽《れいよう》まで進んだ。このとき沮授は、

「顔良は気短かである。勇気はあるけれども、たよりにしてはいけない」

と諫《いさ》めたが、またも聴き入れられなかった。

一方、曹操は四月になって、東郡太守の劉延《りゅうえん》を救いに行こうとした。このとき荀攸《じゅんゆう》がいった。

「いま、わが方の兵は少なく、まともに戦うと相手にはなりません。ただ敵の勢力を分断すれば戦えるでしょう。あなたは延津《えんしん》に到着したら、兵隊に黄河を渡らせて、敵

の背後をつくようなふりをさせなさい。紹はきっと西に向かうでしょう。そうしておいて軽騎兵に命じて白馬《はくば》を襲い、敵の不備をつけば、顔良はつかまえることができるでしょう」

曹操はすぐにその意見を採用した。袁紹は荀攸の思っていたとおり、兵の一部を分けて西に向かった。曹操はそこで倍の速さで白馬の手前十余里に至ったところ、顔良がおおいに驚き、白馬にやって来て曹操を迎えうった。

曹操も張遼《ちょうりょう》・関羽に命じて出撃させた。関羽は顔良の首級を挙げ、これをそれまでの曹操から受けた恩義へのお返しとして、やがて劉備のもとに帰っていく。

『演義』では第二五回に〝白馬の戦い〟が見え、袁紹は顔良の首を斬った者が「赤つらのひげ長く、青竜刀のなぎなたを使う」大将であることを知る。沮授がそばから「劉玄徳の弟、関雲長《うんちょう》に違いありませぬ」といったので、劉備は怒った袁紹から殺されようとし、「玄徳の一命は、はたしていかがあいなりましょうか。それは次回でお聞き下さい」となる。

『演義』二六回では、冒頭に劉備が「赤つら長ひげの者が必ず関羽とは限りませぬ」と言い開きをし、「もともと腹のすわらぬ男であった袁紹は、沮授に向かい「そちのおかげで罪のないものを殺すところであったわ」といって、叱りつけ、劉備は許される」という展開になる。

もとよりこれは『演義』の脚色であるが、袁紹の性質および沮授とのいろいろないきさつをのみこんだ上でのもので面白い。

ちなみに二七回が「美髯公《びぜんこう》、千里単騎《たんき》を走らせ、漢寿侯《かんじゅこう》、五関に六将を斬る」である。美髯公も漢寿侯も関羽を指しており、いわゆる関羽千里《せんり》独行《どくこう》の場であり、二八回が「古城に会して、主臣義に聚《あつ》まる」となるが、このあたりいずれも『演義』の脚色である。

持久戦か？　決戦か？

さて話をもとに戻して、曹操は白馬の戦いの後、黄河に沿って西に進んだ。袁紹も黄河をわたって追撃し、曹操は延津《えんしん》の南の阪の下に駐屯した。

袁紹は文醜と劉備に命じて、五、六千騎をひきつれて進ませた。一方、曹操は塁壁《るいへき》の上に物見の兵を登らせた。物見の兵は「五、六百騎が攻めて来た」と報告し、さらに「騎兵はだんだんと増え、歩兵は数えることができません」といってきた。曹操は「もうこれ以上報告するにおよばぬ」と命じた。しかし、まだ戦機は熟していない。そこでかれは騎兵には馬の鞍《くら》を解かせ、馬も自由にしてやった。そして白馬からの糧食などは道においたままにした。

そのころ曹操の軍中では、官渡の陣営に帰って守りを固めたほうがよいというものもあったが、荀攸《じゅんゆう》は「糧食などを道においたのは、敵を釣るための餌だ。どうしてやめられよう」といって、延津に留ることになった。

この間にも敵はどんどん増えてきて、諸将たちは早く馬に乗り戦おうと催促するが、曹操はまだまだといってこれを押さえた。

そのうちに袁紹の兵のなかで、例の糧食に気づいてそちらに向かうものが出てきた。曹操はこの機会を待っていたのである。ただちに「馬に乗れ」と命令した。これまで抑えに抑えられていた曹操軍のエネルギーは爆発した。また目の前には大軍がいるので必死に戦わざるを得ない。わずか六百の騎兵で、それに十倍する敵を打ち破り、文醜を斬り捨て、袁紹軍に大きな動揺を与えた。

このように相手に一撃を加えておいて、曹操は官渡に引き返してきた。同じ引き返すにしても、無抵抗で引き返すよりは、ずっと有効である。この官渡こそは、許を守る最重要地点であったのである。

一方、袁紹は西に向かって陽武《ようぶ》（河南省陽武）に出、そこから南下して官渡に向かってじりじりと前進し、八月、沙丘をたてにとって、東西数十里におよぶ陣を敷いたので、曹操もこれに対抗して陣を展開した。

そのころ沮授が、再度、持久戦を勧めている。

「北（袁紹）軍は数は多いが、果敢《かかん》で賢いことにかけては南（曹操）軍に及ばない。南軍は穀物は少なく、経済も北軍に及ばない。だから南軍は急戦に持ち込むと有利であり、北軍はゆるやかにたたくことに利がある」

というのであった。また田豊も、

「曹操を軽く見てはいけない。持久戦に持ち込むべきで、その間、奇兵を出して敵を奔命《ほんめい》に疲れさせれば、二年の間には、いながらにして勝つことができよう。勝敗を一戦に決しようとしてうまくいかなかったら、悔いても及ばない」

と、持久戦とゲリラ戦で相手の疲れを待てば、おのずと勝てるというものであった。しかし、この案は袁紹の採用するところとはならなかった。田豊はしつこく自説をくり返したので、ついに軍の志気を沮喪《そそう》さすとして捕えられてしまった。

また許攸《きよゆう》は、「官渡で曹操と対陣する一方、軍を分けて他の道を通って許に攻め入り、天子を迎えれば、事業はただちに成功するであろう」と説いたが、この説も入れられなかった。袁紹はあくまで正攻法で、力をもって押しつぶそうというのである。

〝官渡の戦い〟

こうして両軍の戦いの火ぶたは切られた。たがいに土山や地下道を作り対抗した。袁紹は櫓《やぐら》を組み、曹操の陣に矢を雨のように降りそそいだ。曹操はこれに対し霹靂車《へきれき》（矢を射こむことのできるしかけのある車）を作り、大きな石を射ち込んで櫓をこわそうとした。

しかし曹操の方は、袁紹がすでに見通しているように、食糧が不足して叛《そむ》くものも出てきた。さすがの曹操も許に引き返そうとして、許にいる荀彧《じゅんいく》に手紙を送ったところ、彧は、

「袁紹は全軍を官渡に集めて、あなたと一挙に勝敗を決しようと思っています。あなたは至って弱い力で、至って強い力にあたっていられるのだから、もし勝つことができなければ、きっと相手に乗じられるでしょう。いまこそが天下分け目のときであります。

そのうえ袁紹は、天子を擁《よう》しているわけでもなく、民間の一豪傑にすぎない。人を集めることはできても、人を用うることはできません。あなたのすぐれた才能をもって、天子を助けているのだから、向かうところうまくいかないことがあるでしょうか」

と励ました。官渡の戦いを天下分け目の決戦のときとみて、進む道をまちがわず戦えと

いうのである。曹操もこの意見をもっともとして、官渡にふみ止まったのである。

また、荀彧は目下の急務である食糧の問題については、

「糧食は少ないといっても、劉邦・項羽の戦いのさい、劉邦が滎陽《けいよう》・成皐《せいこう》（河南省）の間にあって苦しんだときにはおよばないでしょう。あのとき劉邦・項羽はどちらも先に退こうとしなかった。先に退いたほうが勢いが弱まるからです。

あなたは敵の十分の一の衆を引きつれて、地を画してこれを守っている。敵の喉元《のどもと》をしめつけながら、進むことができないこともう半年になります。内情があきらかになり、勢いが尽きれば、きっと変事が起こるでしょう。いまこそ奇策を用うるときであります」

と述べた。かくして曹操は奇兵を用いて、戦いを勝利に導くことになった。

〝烏巣《うそう》の戦い〟

袁紹の謀臣許攸《きょゆう》は貪欲《どんよく》であるとの評判であったが、袁紹がそれを満足さすことができなかったので、曹操のもとに降参してきた。このとき『曹瞞伝《そうまんでん》』によれば、操ははだしで飛び出してこれを迎え、手をうって笑っていった。

「あなたが遠くからきてくれた。わがことはなれりだ」と。

やがて座が定まって、許攸《きょゆう》がたずねた。

「袁氏の軍はさかんであります。どういう方法で、敵を待とうとされるのか。いまどれぐらいの食糧をお持ちですか」

「まだ一年を支えることができる」

「それはないでしょう。おっしゃって下さい」

「半年を支えることができる」

曹操は多少許攸を疑ったのか、なかなかホンネを吐こうとしない。許攸はじれてきて、

「あなたは袁氏を破りたくないのですか。なんとおっしゃる話の不実なことよ」

「さきにいったのは冗談だ。その実はひと月ばかりなのだ。どうしたらよかろう」

「いま袁氏の輜重《しちょう》隊一万余輛が、もとの市場の烏巣《うそう》にあります。そこの駐屯軍には厳重な備えがない。身軽な兵を使って不意にこれを襲い、その積まれた糧穀を焼き払うことになれば、三月をすぎずして袁氏はおのずから亡びるでしょう」

左右のものは疑っていたが、荀攸《じゅんゆう》と賈詡《かく》が曹操に勧めたので、曹操は荀攸と曹洪《そうこう》を留めておいて、みずから五千人をひきいて烏巣に赴いた。

このとき曹操の軍は袁氏の軍旗を用い、枚《まい》を銜《ふく》み（声を立てぬように口にくわえさせる木の箸《はし》のようなもの）、馬の口をしばって声を出せないようにし、夜中に間道から出ていった。

人ごとに束ねた薪《まき》をもっている。途中、問いかけるものがあると、袁公が曹操の略奪を恐れて兵を遣わして備えを増されたのだと答えたので、曹操らは無事烏巣に行き、火を放って、袁紹軍の糧穀を焼き払うことができた。

一方、袁紹は曹操が烏巣に出かけたと知るや、その留守を狙おうと、張郃《ちょうこう》・高覧《こうらん》に官渡の本営を攻めさせた。ところが張郃らは烏巣の敗戦を聞いて降参してしまった。曹洪《そうこう》は張郃らの降伏を計略ではないかと疑ったが、荀攸は曹洪に、

「郃《こう》は自分の計略が用いられないので怒って降参してきたのです。どうして疑われるのか」

と説いた。かくて官渡の戦いは、曹操の勝利に終り、袁氏は没落の道を歩むことになる。

ちなみに沮授は曹操に捕えられ、手厚い待遇を受けたが、袁氏の所に帰ろうとしてその計画が洩《も》れて殺された。田豊の方は袁紹の怒りに触れて獄中にいたが、袁紹は「田豊の計を用いなかったために、あいつから笑われる破目になった」といって、かれを殺してしまった。

撃つべき敵は誰か

さて、官渡の戦いの翌年、すなわち建安六年（二〇一）、曹操は袁紹を破って北方の戦

線が一段落した機会に、劉表を討つことを荀彧《じゅんいく》に相談したが、

「いま袁紹は敗れ、その衆は紹から心を離している。敵の困《くる》しみに乗じてこれを平定すべきである。それなのに北方を背にして、遠く江漢の地に軍を出し、もし袁紹が敗残の兵を収めて、わが方の虚に乗じて背後から襲ってくれば、あなたの事業は去ってしまうだろう」

と答えたので、曹操は北に出て、倉亭《そうてい》（河南省南楽）で袁紹を撃った。

建安七年（二〇二）、袁紹が没し、翌八年八月、曹操は劉表を攻めて、西平《せいへい》（河南省西平）に出陣した。これはその前年に、劉備が劉表の要請をいれて葉《よう》（河南省平頂山市）に向かい、夏侯惇《かこうとん》・于禁《うきん》らと戦って勝利を収めていたから、それへの報復もあったが、袁氏残存政権に対し、曹操のほうから動いて、変化を求める意図も含まれていたようで、郭嘉《かくか》の立案であった。

「袁紹は長子の譚《たん》、末子の尚《しょう》を愛して、後継者を立てて置かなかった。郭図《かくと》・逢紀《ほうき》らが謀臣となっているが、お互いに争い合って、離ればなれになっている。しかし、いま急に袁氏の領域に攻め込めば、譚・尚は共同するようになるであろうし、放っておけば二人の間に争う気持ちが生ずるであろう。いまは南の方《かた》、荊《けい》州に向かい、劉表を征するようなふりをして、状況の変化を待って撃つにこしたことはない。一挙にして

平定することができよう」

曹操が西平に至ると、案の定、譚と尚は争い、譚が敗れて辛毗《しんぴ》を曹操のところに派遣して救いを求めてきた。このとき曹操の軍中では、ほとんどのものが、

「劉表は強い。まずこれを平定すればよいので、譚・尚は心配するにあたらない」

という意見だったが、荀攸《じゅんゆう》は、

「天下になにか事件がおこったとき、劉表は動かずに江漢の地方を保っているだけであり、四方を手に入れようという気持ちのないことがよくわかる。袁氏は冀《き》州など四つの州を根拠地とし、武装した軍隊は十万あり、袁紹は寛大な心で人々をつかんでいた。もし二人の子が仲よくなって、袁紹の成しとげた事業を守っていけば、当分天下は平定されない。いま兄弟が喧嘩をしているから、両方ともに生き残ることはない。その混乱に乗じて、袁氏の領地を取れば、天下は安定されよう。現在《いま》のこの時機を失ってはいけない」

と答えたので、曹操ももっともと思い、袁譚を助けて袁尚を破った。

それから四年、曹操と袁氏の戦いはなおつづいた。建安十二年（二〇七）、曹操は袁氏の味方となっている烏丸《うがん》（モンゴル系の遊牧民）を討つべく、北方に出撃しようとした。

曹操の諸将たちは、

「袁尚は亡命者にすぎない。夷狄《いてき》は貪欲《どんよく》で親しみの気持ちなく、どうして尚のために働くだろうか。いま、夷狄の地に深く入っていけば、劉備が必ず劉表に説いて許《きょ》を襲うだろう。万一変事がおこれば、悔いることもできない」

と反対したが、郭嘉《かくか》だけは、

「劉表はただ口先だけの議論をするものにすぎない。自分で劉備を御するだけの才能のないことを知っている。だから重く任ずれば、制することができなくなるのを恐れ、軽く任ずれば、劉備の方で働こうとしないであろう。国を空《から》っぽにして遠征しても、公は心配することはない」

といって、烏丸《うがん》遠征を支持した。劉表は名声こそあったが、思慮深く考察するものからは、恐るるに足らぬものと見られていたのである。この遠征によって袁氏は完全に息の根をとめられ、烏丸も滅亡した。しかし、曹操も郭嘉を病気で失うという不幸に見舞われた。

孫権と劉備の同盟

建安十三年（二〇八）七月、曹操は荊州《けい》に向かって出陣した。ところが、八月に劉表が死んだ。劉表には二人の子があったが、表は末子の琮《そう》を愛していたので、かれが後をついだ。表の長子琦《き》は孔明を頼った。九月に曹操が荊州に入ると、襄陽《じょうよう》にいた劉琮はあっさりと曹操に降参し、この段階では曹操は無血で荊州に入ったのである。

劉表に身を寄せていた劉備は、劉琮から曹操に降伏するというような知らせは受けていなかったので、あわてて南に向かって逃げ出した。張飛の長坂《ちょうはん》橋上での武勇伝や、趙雲《ちょううん》が阿斗《あと》とその母を助けたのは、このときの南下中のできごとである。

ところで、劉備に「三顧《さんこ》の礼」をもって迎えられた孔明が、天下三分の計略を実現するためには、荊州をまず確保せねばならない。しかも現実は荊州を放棄する方向に向かっているのだから、非常な苦慮があった。

一方、孫権のほうでも、魯粛《ろしゅく》が一つのプログラムを考えており、荊州はどうしても孫氏の支配下に入れねばならぬ。そういうプログラムを抜きにしても、孫堅―孫策以来、劉表との対立は抜きがたいものがあり、荊州奪取は孫氏にとって至上命令でもあった。

魯粛は劉表が死ぬと、みずから弔問《ちょうもん》使を志願して襄陽《じょうよう》に向かったが、その途中で曹操の荊州無血占領を聞き、それへの対応を急に迫られることになった。そして、荊州をまず足場にしようとする孔明と、荊州への勢力拡張を狙う魯粛とが出会うことにより、〝劉備・孫権同盟〟というプランができあがり、ここに孫権がその選択と決断を迫られる立場に立たされたのである。

それでは曹操のほうには、外交による荊州確保を考えるものがなかったのか。荀彧《じゅんいく》も荀《じゅん》攸《ゆう》も、赤壁戦の前後にどのような行動をとったのか、全然わかっていない。ただ赤壁戦後、曹操が「もし郭嘉《かくか》が生きていたら、こんなことにはならなかったろうに」と嘆いているから、郭嘉なら何か〝呉・蜀同盟〟に対抗するような外交戦略を展開したかもしれない。

魯粛は劉表が死んだと聞くと、孫権に次のように説いた。

「荊州の地は天然の要害であり、豊かな土地が万里も広がり、人民も富んでいる。もしこの地を有すれば、帝王になるための資となるでしょう。いま劉表は死んだばかりで、二人の子供は仲がよくない。将軍たちもあちらについたり、こちらについたりしている。おまけに劉備は天下の梟雄《きようゆう》であり、曹操と仲が悪かったので、劉表に頼っていきました。表は彼の能力を悪《にく》んで、用いることができませんでした。もし曹操と劉備が心を合わせ、君臣が一致するなら、わが方もこれと同盟を結ばねばなりませんし、曹操と劉備が離れるようであれば、別のことを考えて大事業をなさねばなりませぬ。

どうか私にお命じになって、劉表の二人の子を弔問《ちようもん》に行かせて下さい。それとともに劉備に向かって、わが方と心を同じくして曹操にあたるよう説こうと思います。備はきっと喜んで、あなたのご命令に従うでしょう。もしそれがうまくゆけば、天下は定めることができます。いまははやく行かなければ、曹操に先を越されるでしょう」

魯粛はすでにこの段階で、劉備・曹操の連合もありうることを頭に入れて、ぜひ孫権・

劉備の同盟を成立させねばならぬと考えていたのである。

孔明、必死の説得

さて、魯粛が夏口（漢口）まで行くと、曹操はすでに荊州に向かったと聞かされた。そして南郡に至ると、劉琮はすでに曹操に降参してしまい、劉備があわてて逃げ出して、南に向かい長江を越えようとしているという知らせを聞いた。そこで彼は近道をして何とか劉備を迎えようと急いでいると、ちょうど当陽の長坂で出会ったのである。

魯粛はさっそく孫権の意志を伝え、江東地方の君臣間の結合の強固なことを述べ、劉備に孫権と力をあわせてくれるようにと頼んだ。

劉備はこの申し出を非常に喜んだ。ついで魯粛は孔明に、「私は子瑜《しゆ》（諸葛瑾《しょかつきん》）の友だちです」と話しかけ、交りを結んだ。かくして劉備一行は夏口に至り、ひとまずここにおちつくことになった。こうして魯粛は機会を外すことなく、無事に劉備と話し合うことができた。赤壁の戦いの勝利はここに始まるといってよい。機会をとらえることのいかに大切かがわかるであろう。

夏口におちつくと、劉備は孔明を正式の使者として魯粛に同道させ、当時、柴桑《さいそう》（江西省九江）にいた孫権のもとに派遣した。夏口・柴桑間は約二〇〇キロあまり、京都から岡山ぐらいか。とすれば本能寺の変を聞いて備中高松から引き返して来た秀吉よりは、距離的には近いかもしれない。柴桑に着いた孔明は、孫権に向かって、一方では綿密な現状分析を行ないながら、他方ではたくみに孫権の自尊心を煽《あお》り立てる心理作戦をとって、孫権を劉備との同盟に引き込もうとする。

「国内が大いに乱れ、将軍は兵を起こして江東を占拠し、劉予州《よしゆう》（劉備）もまた、漢水の流域に衆を収めて、曹操と並んで天下を争っています。いま曹操は北方の大敵を打ち倒してほぼ平定し、ついに荊州を破って、その威勢は四方を震《ふる》わせており、英雄たちもその武力を用うる余地がありません。だから予州閣下も逃げてここに至ったのです。

将軍よ、あなたも自分の力を量《はか》ってこの事態に対処なされなさい。もし呉越の衆をもって中国と相拮抗《きっこう》することができるなら、すみやかに操と交りを絶つにこしたことはありません。もし対抗できないなら、どうして武器をしまって北面してこれに仕えないのですか。

将軍よ、いまあなたは外面は服従する名目をとりながら、内面ではどうしようかと決めかねている。事は急です。決断しなければすぐにでも禍《わざわい》がふりかかってくるでしょう」

と、せきたてたのである。孫権は、

「かりそめにも君のいうとおりならば、劉予州はどうして曹操に仕えようとしないのか」

「昔、漢の初め、田横《でんおう》は斉の一介の壮士にすぎなかったが、なお義を守って劉邦に仕えず辱《はずかしめ》を受けようとしなかった。ましてや劉予州は王室の血をうけた人、その英才ぶりは世を蓋《おお》うほど知れわたっています。士人たちが慕《した》い仰ぐことは、水が海に流れ込むようなもので、ごく自然であります。もし事業が成功しなければ、それは天命なのです。どうして曹操の下となることができましょうか」

孫権はこの言葉を聞くと、勃然《ぼつぜん》として、

「私は呉の地全域と十万の衆をあげて、人に制せられることはできない。私の計略はきまった。劉予州でなければ、曹操に当たることのできるものはない。しかし、予州は敗けたばかりで、どうしてこの困難に対処できるのか」

「予州の軍は長坂で敗れたけれども、いま戦士の予州のもとに帰ってくるものおよび関羽の率いている水軍の精鋭一万人、劉琦《りゅうき》が率いる江夏《こうか》の戦士を合わせると、これも一万人を下りません。それに曹操の衆は遠くから来て疲弊《ひへい》しています。聞くところによると、予州を追いかけた軽騎兵は一日一夜に三百余里も行進したという。これはいわゆる「強い弩《いしゆみ》の勢も末の方になれば、魯で織られた荒い縞模様の布も射抜けない（彊弩《きようど》の末、勢魯縞《ろこう》も穿《うが》つ能《あた》わず）」というのにあたるでしょう。だから兵法でもこれをいやがって「必ず上将軍をたおす」といっております。そのうえ、北方の人は水戦に習わず、また荊州の民で操についているものも、その兵勢にせまられているだけで、心服しているのではありません。

いま、将軍が猛将に命じて、兵数万を率いて予州と共同なさるなら、操の軍を破ることはまちがいなしです。操の軍が敗れれば必ず北に還《かえ》るでしょう。そうすれば荊と呉の勢が強くなり、天下三分の形が成立します。成功するか失敗するかの機は今日にございます」

勝利を導いた決断

孫権は大いに喜んだ。しかし呉の国内では、曹操を迎えよう、いいかえれば降伏しようという意見が強く、会議の席でもみなが降伏論をとなえた。そのなかで魯粛《ろしゆく》だけは、一言も発言しない。

孫権は着物をきかえるために起ち上がった。魯粛はその後を追った。権は粛の気持ちを知り、彼の手をとっていった。

「おまえは何をいおうとするのか」

「さきごろの衆人の議論を見ておりますと、もっぱら将軍を誤らそうとするもので、ともに大事をはかるに足りません。私なら曹操を迎えてもよいのです。郷里に帰っても地方名士としてそこそこの生活ができます。しかし将軍が曹操を迎えられたら、いったいどこにお帰りになりますか。どうかすみやかに大計をお定め下さい。衆人の議論をお用いになってはいけません」

「多くの人たちの議論は非常に私を失望させた。いまおまえが大計を開いてくれたが、まさに私と同じ考えだ。これは天がおまえを私に与えたもうたのだ」

孫権は一応自分の結論をもって会議に臨んだのであるが、会議の流れは、かれの意図とは逆に進んでいく。こうしたことは往々にしてありがちのことであるが、かれは腹心の魯粛に強い味方を得たのである。

そこにもう一人、鄱陽《はよう》（江西）から周瑜《しゅうゆ》が帰ってきた。周瑜はいう。

「曹操は名目は漢の宰相《さいしょう》だが、実は漢の賊《ぞく》であります。将軍は実力を備えられ、漢朝のために賊を除くべきであるのに、これに降伏されてよいのですか。もう一度お考え下さい。

曹操には四つの欠点があります。㈠馬超《ばちょう》・韓遂《かんすい》らが関西（陝西）にあって後方の憂《うれ》いとなっていない。㈡水戦になれていない。㈢寒さに向かい馬の餌料《しりよう》がない。㈣曹操軍は南方の風土になれず、疾病《しっぺい》が流行するであろう、ということです。

将軍が曹操を禽《とりこ》にするのは今日にあるのです。私に精兵三万人を与えられれば、夏口に軍を進め、将軍のためにこれを打ち破ってさしあげましょう」

周瑜の意見は、曹操の弱点をあげての主戦論であったが、かれの場合は劉備との連合をほんの少しも考えていない。これが同じ主戦論でも魯粛と根本的に違うところだが、孫権には心強い意見であった。孫権は、

「あの老いぼれの曹操が、長い間漢を廃して自立しようと思っていたのだ。ただ袁紹・袁術・呂布・劉表と私とをきらっていた。いまはみな死んでしまい、ただ私が残っているだけだ。私と老いぼれとは両立しない。あなたが撃《う》つべしといってくれたのは、非常に私の考えと合っている。これ天があなたを私に授《さず》けてくれたのだ」

といった。かくして主戦論が勝ちを占め、赤壁の戦端が開かれたのである。

官渡の戦いにおける曹操、赤壁の戦いに臨む前の孫権、いずれも進むべき道の選択をあやまらず、それを実行に移す時機を適確にとらえて、自軍を勝利に導いた。一方、袁紹はそれに失敗して退かざるを得なかったのである。

選択と決断は、現代社会においても、人生を生きていくうえではもちろん、組織体を発

展させるためにも、つねに重要な課題であろう。

3　信義と背徳

「けじめ」を示した関羽

「忠信を主とせよ」――これは『論語』に見える言葉であるが、他人に対してまことをつくし、自己に対してもいつわりのない生活を送ること、これが中国人の尊ぶ倫理の大もとである。

「三国志」に登場する数多くの人物を見ても、生涯を通じて永久《とわ》に変らぬ信頼関係によって結ばれるものもあれば、裏切り、暴虐《ぼうぎゃく》などの道徳的に許されぬ行為に走るものもある。前者には賞讃の声がおこり、後者は憎悪の的《まと》となる。そしてむしろ非道徳的な行為のほうが多いのであるが、もとより歴史事実にもとづくものであるから、勧善懲悪《かんぜんちょうあく》のめでたしめでたしに終るものではなく、そこに人間の生きざまというものがまざまざとあらわれ、かえって興味をそそるのである。

信義で結ばれた関係といえば、誰でも劉備・関羽・張飛の三人を思い出すことであろう。

この三人が桃園《とうえん》で義を結んだことはすでに述べたが、関羽だけがほんの少しの間、曹操に捕えられていたことがある。建安五年（二〇〇）、曹操は劉備を撃ち、備の妻子と関羽をとりこにしたのである。

曹操はかねてから関羽の噂を聞いていたであろうし、また実際に会ってみて、その人柄を男らしいと感じ、偏将軍（大将軍の下にあって一軍を率いる）に任じて丁重《ていちょう》にもてなした。しかし一方で、関羽には長い間自分のもとに止まっている気持ちがないことも察しられた。そこで、曹操は張遼《ちょうりょう》を通じて関羽の意志を打診させた。

「私は曹公が私をきわめて手厚く待遇して下さるのはわかっています。しかし私は劉将軍の厚恩を受け、死を共にすることを誓った仲であります。これにそむくことはできません。私には止まる気持ちはありません。功労を立てて曹公から受けたご恩にお報いして立ち去るだけです」

これが関羽の答であった。

張遼はこの言葉をそのまま伝えると、曹操が怒って関羽を殺すのではないかと恐れた。かといって報告しないでおくのは、主君につかえる道にはずれる。そこでかれは「曹公は私の君父であり、関羽は兄弟にすぎない」と嘆いて、関羽の言葉を伝えたところ、曹操は「君に事《つか》えてその本《もと》を忘れないのは天下の義士である」と称讃したという。

関羽が曹操のもとを去る機会は、意外に早くきた。白馬《はくば》の戦いで、彼は袁紹の猛将顔《がん》良《りょう》を、多くの人が見ている前で刺し、その首を斬って曹操に送った。曹操はかれに重賞を与えたが、関羽は曹操からもらったものにはいっさい手を触れず、きちっと封をして、別れの手紙を認《したた》め、けじめをつけて劉備のもとに走った。左右のものが追いかけようとすると、曹操は、

「かれはその主人のために一所懸命やっているのだ。追うな」

といった。飛ぶ鳥あとをにごさずというが、このようなけじめのつけ方も、関羽に対する人気の秘密のひとつであろう。

これが関羽のとった行動の一切であるが、忠義の心の厚い関羽が、ほんの短い間であれ、なぜ曹操に降《くだ》ったのか、素朴な疑問があったのだろう。『演義』では、最初、張遼が関羽に、もしこのまま死ねば三つの罪を犯すが、曹操に降参すれば三つの利益があることを説き、それに対し関羽は、劉備の行方《ゆくえ》がわかればすぐそこに帰るといった三つの約束をして、そのうえで曹操に仕えるという展開にしている（二五回「土山に屯《たむろ》して、関公三事を約す」）。

またかれが劉備のもとに帰りついたとき、張飛が、

「きさまは義理を知らぬ、どのつらさげておれの前に出た」

となりつける場面（二八回「蔡陽を斬って、兄弟疑いを解き、古城に会して、主臣義に聚《あつ》

まる」）など、いくつかの脚色を行なって、読者の興味をつなぎ、素朴な疑問を納得させようとする。なおつけ加えれば、『演義』だけに出てくる人物で、関羽の部下として活躍した周倉《しゅうそう》との出会いも、この折のことである。

「出師《すいし》の表」にみる忠誠心

互いに信頼関係で結ばれたといえば、劉備と諸葛孔明の間もそうであった。孔明は劉備なきあとも、後主劉禅に対して、変らぬ心をもって接している。孔明はかつて「三顧《こ》の礼」で劉備に迎えられたことを、

「私はもと平民の身で、南陽に耕して日をおくり、ただ命を長らえさせておればよいと思い、おのれの名を諸侯に聞こえるようにして立身出世をしようという考えはすこしもありませんでした。が、先帝（劉備）におかせられては、私のような卑しきものに対し、貴き御身をおかまいもなく、駕《が》をまげさせて、三回までも草屋をおたずね下さり、この乱世にあたりどのようにしたらよいかとのご質問をいただきました。そこで私は先帝のご知遇に感激いたしまして、お仕え申し、犬馬の労をいたすことを堅く約束申しあげました」

と、「出師の表」のなかで述べている。「出師の表」は、孔明がいよいよ準備万端を整え

て、はじめて北方回復のために魏と戦おうとして出陣するにあたり、後主劉禅に差し出した上奏文である。自分と劉備との出会いからのいきさつ、政治をとるにあたっての基本的姿勢、将来後主が頼りとすべき人物の名などもあげて、自分の留守中のことがうまく運ぶように、充分な気くばりの上に述べてある。みずからの才能を知ってくれているものに対し、生命をかけて仕える、そこに相互信頼の深いきずなが生まれてくるのである。

「私に孔明があるのは、魚に水があるようなものだ」

この劉備の言葉こそ、二人の関係を端的にあらわしてあますところのない言葉である。そして、この二人の信頼関係の上に立って、劉備の遺言と孔明の返答が生きてくるのである。

「君の才能は曹丕《そうひ》に十倍している。きっと国を安んじ、漢も復興するというあの大事業を成し遂げてくれるであろう。もし息子が輔《たす》けるに値するものなら輔《たす》けてやってくれ。もし才能がないのなら、君みずから取るべし」

「臣、あえて股肱《ここう》の力をつくし、忠貞の節をいたし、これに次ぐに死をもってせん」

まさに「出師《すいし》の表」こそは、孔明の真情を吐露《とろ》し、信義のあるところを示した文章であり、「これを読んで泣かざるものは臣にあらず」と評されるのである。

あるべき「君臣」の関係

劉備と孔明に似た君臣関係は、どうも魏のほうにはあまり見受けられない。曹操と荀彧《じゅんいく》、曹操と荀攸《じゅんゆう》など、最後は悲劇的な関係になり、とても「君臣水魚の交り」とはいえない。文帝曹丕《そうひ》が子の明帝を託した四人（曹真・曹休・司馬懿《い》・陳羣《ぐん》）と、文帝・明帝の関係もそうである。これはやはり曹操や曹丕の〝乱世の姦雄《かんゆう》〟などといわれる性格によるものであろう。

では、呉のほうはどうであろうか。人々から孫郎・周郎（孫家の坊っちゃん・周家の坊っちゃん）と呼ばれ、橋玄《きょうげん》の二人の美人の娘をそれぞれ妻とした孫策と周瑜《しゅうゆ》は、もし孫策がもっと長生きしていれば、互いに信頼し合う君臣となっただろう。そして孫権と魯粛《ろしゅく》、孫権と諸葛瑾《しょかつきん》の関係も、「君臣水魚の交り」に近いものがあった。

諸葛瑾は弟の諸葛亮（孔明）が蜀にいた関係から、ともすれば疑いの目で見られがちであった。夷陵《いりょう》の戦いを前にして、諸葛瑾は劉備と通じていると讒言《ざんげん》するものがあった。そのとき孫権は、

「朕《ちん》と子瑜《しゆ》（瑾）とは、お互いに死ぬまでかわらないとの誓いを立てた仲である。子瑜が朕にそむかないのは、ちょうど朕が子瑜にそむかないようなものだ」

「私と子瑜とは心からの交り――神交《しんこう》をしているというべきで、他人の言葉でへだてられるようなものでない」

といったという。

「泣いて馬謖《ばしょく》を斬る」

他人から信頼を得るためには、まず自分自身を律することに厳しくなければならない。孔明は第一次の北征に出撃すると、街亭《がいてい》（甘粛省秦安）で魏の先鋒張郃《ちょうこう》と対陣した。孔明は馬謖《ばしょく》を先陣の将に任じた。かれは馬謖の才を愛し、重く用いようとしたのである。ただ劉備は臨終にあたって、

「馬謖はいつも実力以上のことを話している。重く用いてはいけない。君もその点は充分考えるがよい」

と忠告している。また蜀軍のなかでも、馬謖以外の人物を推すものもいたが、孔明はあえて謖を使ったのである。ただ出撃にあたって、「決して山の上に陣取ってはいけない」と注意しておいた。

にもかかわらず、馬謖は水辺を捨てて山上に陣を敷いた。そして蜀は敗れてしまったのである。孔明は軍律に照らして馬謖を斬るように命じ、涙を流した。

「蜀は人材が乏しいのだから、斬るのはやめるように」

と忠告するものもいたが、孔明は、

「わが心は秤《はかり》のごとし。人のために軽重をなす能《あた》わず」

と述べた。

このように孔明が「泣いて馬謖を斬った」のも、軍紀の粛正《しゆくせい》を保たねばならぬこともあったが、かれは自身がもっとも可愛がっていた馬謖が対象であったゆえに、あえて馬謖を斬ることによって偏私《へんし》――えこひいきをさけたのである。孔明は「出師《すいし》の表」のなかでも、

「陛下のおられる宮中と、政治の行なわれる府中とは、一体であって決して分れてはならない。善悪賞罰は異なってはいけない。もし悪いことをしたり、罪科《つみとが》を犯すものがあったり、また忠善の行をなすものがあったなら、さっそく役人にお申しつけあって、悪人に刑罰を加え、善人を賞《ほ》めて、陛下の公平なる政治をお示し下さい。天子のお側にいるから悪事をしても罰せられぬ、府中にいるから功績あっても賞せられぬというような偏私があって、宮中・府中と、その人のいる所によって法の適用が異なってはなりませぬ」

と述べている。そして馬謖を斬ったときには、彼自身もみずから降職三等の罪にあてて、厳しく自己を律している。

ところで、これと同じような話が呂蒙《りよもう》にもある。呂蒙が関羽と戦い、関羽の根拠地であった江陵《こうりよう》を占領し、関羽および羽の軍隊の家族などを捕えたとき、呂蒙はかれらを慰《なぐさ》めるとともに、部下に命じて略奪をいっさい禁止した。

ところが、部下の一人で呂蒙の同郷のものが、民家から笠をひとつ取って来て、官鎧《かんがい》(官物の鎧《よろい》)の覆《おお》いとした。取ったのはただひとつの笠であり、使う目的は官鎧の覆いであって、個人で使用するためではなかった。しかし、同郷のものであるという理由で軍令を変えることはできぬといって、涙を流してこれを斬ったというのである。実は、文字どおり泣いて部下を斬ったのは呂蒙で、孔明は自分で手を下して馬謖を斬ったのではなかった。

裏切られた部下

さらに曹操の場合を見てみよう。曹操の軍隊がかつて糧食の不足に苦しんだことがある。曹操はそっと係の者にいった。

「どうしたものだろう」

「小さなます目で計って足るようにすればよろしゅうございましょう」

こうして曹操は糧食係のいうことを認めておきながら、軍中に曹操は小さいます目を使って人々をごまかしているという声があがったのを聞くと、例の糧食係に、「ここのところはおまえに死んでもらって、人々の不満をしずめようと思う。そうでなければ事態は解消しない」といって斬ってしまった。

斬られた側からいえば、主人の危機を救うためにあえて斬られたという理屈になるかもしれぬが、やはり手のひらを返すような曹操の態度にはやりきれぬものがある。もっとも、現在でも不正事件が起こると、課長補佐といった肩書きをつけた人が自殺する（させられる?）のと同じことであろう。そして死人に口なしと、すべての罪をその人物におしつけるように、曹操も糧食係の首を斬ると、見せしめに、

「小さなます目を使って、官の穀物を盗んだのでこれを軍門に斬る」

と布告した。これは『曹瞞伝《そうまん》』に見える話であるが、一般に曹操の背徳ぶりを示す話は、陳寿の『三国志』本文より、裴松之《はいしょうし》の引く注に多く見られるのである。

曹操＝悪玉説

曹操がまだ子供だったころ、鷹を飛ばしたり、犬を競走させたりして遊びにふけっていた。叔父がたびたび父親に告げ口をするのに困りはてた曹操は、道路でその叔父に出会うと、わざと顔をゆがめ、口をひんまげた。

「どうしたのか」

「にわかに体がしびれる病気にかかったのです」

叔父がその話を父親に告げた。父親はびっくりして曹操を呼び出すと、顔つきはふだんのとおりであった。

「叔父が『操が体のしびれる病気にかかっている』といっていたが、もうなおったのか」

「はじめから病気などにはかかっておりません。ただ私は叔父さんに嫌われていますから、悪くいわれたのでしょう」

それから後は、父は叔父の告げ口をとりあげようとしなくなって、曹操は気ままに過ごすことができるようになった。平素自分の行動を看視し、父に告げ口をする叔父に対して、うそつきのレッテルを貼ろうとするのだから、底意地の悪いしっぺ返しではないか。これも『曹瞞伝《そうまん》』に見える話である。また、次のような話もある。

董卓《とうたく》が献帝を擁立したあと、曹操を驍騎校尉《ぎょうきこうい》（騎兵隊長。驍騎とは足の早い馬）に任命し、そのブレーンに入れようとしたので、曹操は変名をして間道《かんどう》を通って東の方に帰った。ここまでは陳寿も書いているところだが、『魏書』では、帰途、数騎を従えてかつての知人の呂伯奢《りょはくしゃ》の所を通りすぎた。ところが伯奢は不在で、その子と呂家の客たちが、曹操の馬と荷物を強奪しようとしたので、操は自分で刃《やいば》を取って数人を殺したとある。ここでは曹操のとった行動はむしろ正当防衛で背徳行為ではない。

ところが『世語』になると、曹操が伯奢の所に行くと、伯奢は外出していた。五人の子供たちはみな在宅していて、賓客《ひんきゃく》を迎える礼儀を備えて応対した。ところが曹操は自分が董卓の命にそむいていたので、かれらが自分を殺すのではないかと疑い、夜、剣を手にして八人を殺して去ったと記してあって、ノイローゼ気味の曹操が理由なき殺人を犯したことになる。

さらに『孫盛雑記《そんせいざっき》』では、曹操は食器のぶつかる音を聞いて、自分を殺すのではないかと思い、夜に入りこれを殺した。殺してしまってから悲しみいたむ気持ちになったが、「私が人に負《そむ》くとも、人が私に負《そむ》くことはさせぬ」といって去ったというのである。曹操＝悪玉に仕立てあげられていく過程がよくわかる一段である。『演義』は、最後の『孫盛雑記』の話をふくらませている。

裏切りの常習者・呂布《りょふ》

人に背《そむ》くといえば、なんといっても呂布がその筆頭にあげられよう。最初、丁原《ていげん》に仕えながら、これを殺して董卓《とうたく》に従い、つぎには董卓を裏切ってこれを殺したことは前に述べた。

その後、董卓の武将李傕《りかく》・郭汜《かくし》に長安を追われて、まったく地盤をもたぬ関東にやってきた。そして張邈《ちょうばく》と組んで兗州牧《えんしゅうぼく》を称するが、曹操に撃破され劉備を頼って徐州に赴いた。ところが劉備が袁術との戦いに出かけている留守中に、劉備の根拠地下邳《かひ》を奪い、今度は徐州刺史《しし》を称する。劉備は仕方なく小沛《しょうはい》に駐屯する。

袁術が劉備を攻めると、備は呂布に救いを求めざるを得なかった。呂布はもともと武勇にはすぐれた能力をもっているのだから、術の将軍紀霊《きれい》も戦争を仕かけようとしない。呂布と紀霊が会食をして、その席上、呂布は門番に命じて営門の中に一本の戟《ほこ》を立てさせ、自分はあの戟の小支の部分に矢をあてよう。もし一発であたれば戦争をやめよう。あたらなければ戦おう、といって矢を放つと、みごとに小支にあたったので、紀霊は軍を引きあげた。

袁術は呂布と同盟を結ぼうと、子供の袁索《えんさく》のために呂布の娘を娶《めと》ろうとし、布もこれを受け入れて娘を出発させた。ところが陳珪《ちんけい》が呂布と袁術の離間策をとり、呂布の方も長安から最初逃げ出して来たときに袁術が受け入れてくれなかったのを怨《うら》み、途中から娘を呼びもどしてしまった。これを聞いて、すかさず曹操は布を将軍に拝した。

しかし、もともと布は「勇はあっても計略がなく、去就に軽率である」という評価であったので、曹操からも充分信頼されているわけではない。袁術は同盟と結婚が破棄されたのを怒って呂布を攻めた。

布は陳珪の策を入れて、袁術方についている将軍の韓暹《かんせん》・楊奉《ようほう》に手紙を送り、袁術の兵を破れば術のもっている軍資を与えようと甘言で釣る。そして袁術軍に内部分裂をおこさせて、勝つことができた。これが建安二年（一九七）のことであったが、翌三年、呂布は結局、曹操に叛《そむ》いて袁術の味方になり、劉備を攻めた。曹操が備を助け、袁術も呂布を救援しようとしたがこれは成功せず、三ヵ月の戦いの後、呂布は捕えられて殺された。

このように呂布は実にくるくると態度をかえ、他人からは信頼のおけないものと見られている。まことにそのとおりなのだが、

「呂布は強くてたけだけしいといえども、謀《はかりごと》なし」

「劉備は呂布の語るのを見ていると、一貫性がない。うわべはかれのいうことをもっともだとしたが、内心ではよろこばなかった」

などとあるように、行動や考え方に恒常性がなく、それがかれに対する不信感をましていったのであろう。案外、呂布自身もそれほど自分の行動に背徳感をもっていなかったのではないか。かれにもしよき参謀がいたなら、もう少し違った人生を歩んだかも知れない。

「呂布は猜疑《さいぎ》心が深く、その仲間を制御することができず、ただ諸将を信じていたが、

諸将はそれぞれ意見を異にして、疑心暗鬼におちいり、戦うごとに敗けることが多かった」

と、陳寿は記しているが、裏切りを重ねた呂布が、おのれにしっかりとした考えもなく、ただ諸将を信じていたというのは、なんとなく滑稽《こっけい》であり、あわれをもよおす。自主性をもたず、ただ相手を信じるのでは頼りがない。諸将たちに疑心暗鬼が生じるのもやむを得まい。

不運な劉備の前半生

パートナーを代えたといえば、劉備もまためまぐるしいものがあった。それはすべてかれの意志から出たものでなく、周囲の情勢からそうせざるを得なかった点もあるが、人から不信感をもたれたのもやむを得まい。めぐりあわせの悪い人に往々こういうタイプが出る。

備は黄巾《こうきん》の乱平定に参加した後、幽州の公孫瓚《さん》を頼って行った。幽州はかれの生まれ故郷からはそう遠い所ではなく、かつ備と瓚とは盧植《ろしょく》先生の塾で同門でもあった。公孫瓚は冀《き》州の袁紹と敵対関係にあったから、当然、劉備も袁紹との戦いに従軍するが、やはり袁紹と戦っている青州刺史《しし》田楷《でんかい》を助けるように公孫瓚に命じられ、斉に駐屯することになった。

ところが、曹操が徐州に攻め込んだので（一九三年）、徐州の牧陶謙《とうけん》は田楷に救いを求めた。そこで田楷は劉備を伴って青州に入ったが、その折、劉備は陶謙に見こまれ、田楷とは離れることになる。陶謙は備を予州の刺史に任ずる。かれがしばしば劉予州と呼ばれるのはこのためである。

まもなく陶謙は病に倒れ、徐州牧の地位を備に譲る。病死という抗《あらが》いにくい理由ではあるが、パートナーを失ったのである。

劉備が徐州牧になると、すぐ南にいた袁術が攻め込んでき、曹操は袁術の敵であるという理由で劉備を鎮東将軍に任じた。〝敵の敵は味方〟という論理が、曹操と劉備を結びつけたのである。そしてそこに呂布が入り込んできて、現在の江蘇省北部の地域をめぐる争いはさらに複雑になる。

劉備は曹操と結ぶことが多かったが、ときには呂布と共同する場合もあった。そしてかれはしばしば妻子を呂布や曹操に奪われている。

霊帝の皇后で献帝には養母にあたる董《とう》太后の一族董承《とうしよう》が、曹操誅滅《ちゆうめつ》の計画を立てたとき、劉備に目をつけ、密詔を賜った。曹操から「天下の英雄は君と僕」といわれ、食事中の劉備が、あわてて箸《はし》を落としたのは、このときのことである。

やがて董承の謀略は洩《も》れて、一味のものはみな殺しになるが、さいわいに劉備は袁術と戦うために許《きょ》を離れていて助かった。しかし、再び曹操のもとに帰ることができない。それどころか曹操に攻められ、またも妻子と関羽を捕えられてしまい、かれ自身は袁紹を頼る破目になった。しかもその袁紹も、官渡の戦いで曹操に敗れ、劉備は袁紹のもとを去って、荊州の劉表のもとに赴いた。

ここまでの備の行動は、呂布とくらべた場合に、外面的には五十歩百歩である。劉備は個人としては呂布ほどに秀でた武勇の持ち主ではない。しかし関羽・張飛・趙雲といった豪傑がつねにかれのそばにいた。ただ謀臣をもっていないことは共通している。呂布が劉備に向かって、「私とおん身とはともに辺地の人間である」といって仲間扱いをし、また劉備には迷惑だったようだが、「弟」と呼んだ気持ちもわかるような気がする。ただ根本的に違うのは、劉備には人をひきつける人間的魅力があったということであろう。そして幸運にも、かれにもっとも欠けていた謀臣を、荊州の地で手に入れることができた。いうまでもなく諸葛孔明である。

信頼を得る条件

ところで劉備にとって、大義名分の上で困難な問題を投げかけたのが、益州出兵である。

益州出兵については、孫権との間にも外交上でいろいろとかけ引きをせねばならなかった。それに加えて益州の牧《ぼく》が劉璋《りゅうしょう》という、同姓のしかも前漢景帝を共通の先祖にもつ人物であった。宋代にあっても、劉備が劉璋を殺して益州を取ったことを非難する意見がみられる。

龐統《ほうとう》が劉備に向かい、益州に入ってここを根拠地にすべきであると説いたとき、備は、

「いま、私と水火の間にあるものは曹操である。曹操がきびしさをもってすれば、私はゆるやかさを用いる。かれが暴をもってすれば、私は仁を用いる。操がいつわりをもってすれば、私は忠《まごころ》を用いる。いつも操と反対のことをしていれば、成功するはずである。いま小さな理由で、信義を天下に失うのは私のとるところではない」

と答えた。それに対して龐統はいう。

「臨機応変が要求されるときは、ただ一筋の道で行動が定められるものではない。弱いものを兼併《けんぺい》し、愚かなものを攻めるのは、いにしえの五覇の事業《しごと》（五覇とは、春秋時代、すなわち紀元前七〜五世紀に中国に出た五人の覇者。五人の名は必ずしも一定しないが、斉《せい》の桓公《かんこう》、晋《しん》の文公などは必ずその中に数えられる）である。武力で天下を取り、文事でそれを守り、報いるに正義をもってする。すべてがうまくいった後で、劉璋を大国に封じてやれば、どうして信に背《そむ》くことになろう。今日の機会をとらえて益州を取らなければ、ついに人に利益を与えるだけだ」

こうして劉備は、益州に入ろうとの決断をくだした。はたして劉璋の部下の中には、「劉備が入ってくるのは、ひとつの国に二人の君主がいるようなものだ」というものもあったし、劉備が完全に蜀を手に入れた後のことであるが、司馬仲達は「劉備は劉璋をだまし討ちにして、これを虜《とりこ》にしたので、土着の人たちはなついていない」と述べている。

さて、このように益州に入ることについては背信行為にならないかと心配していながら、涪城を占領したときの酒宴の席上で、酒に酔った備は、

「今日の宴《うたげ》はなんと楽しいではないか」

と、ふと口をすべらし、龐統《ほうとう》から、

「人の国を伐《う》って喜ぶなどとは、仁者のなすべきことではありません」

とたしなめられている。百パーセント完璧な人間はいないが、劉備のこの言動に、酒を飲んだりすると、タテマエとホンネのバランスを崩し、ついホンネを吐いてしまうという、人のおちいりやすい心の動きを見る思いがする。

日和見《ひよりみ》主義の孟達《もうたつ》

蜀から魏へ、魏からまた蜀へと、二度にわたって寝返りをし、ついに司馬仲達から殺されたのが孟達である。

孟達の父は、後漢の末に宦官《かんがん》の張譲《ちょうじょう》に賄賂《わいろ》を送り——その賄賂のなかには蒲桃酒《ぶどうしゅ》一石が含まれていた。当時ワインは貴重品だったのであろう——、涼州刺史《しし》の地位を手に入れた。

孟達は姿がよく、弁舌もさわやかな男であった。最初劉璋に仕えたが、劉備が蜀を平定すると、宜都太守に任ぜられ、建安二十四年（二一九）には劉備の命をうけて秭帰《しき》県から北上して房陵（湖北省房）を攻め、さらに劉封《りゅうほう》（彼は劉備の養子となっていた）と協力して上庸《じょうよう》（湖北省竹山）をおとしいれた。

当時、上庸には申耽《しんたん》が太守として支配していたが、劉備は申耽をそのまま上庸太守とし、申耽の弟儀《ぎ》を上庸の西隣の西城《せいじょう》（陝西省興安）太守に任じ、孟達にかれらを率いさせたのである。房陵・上庸・西城は漢中と襄陽を結ぶ街道沿いにあり、交通の要衝《ようしょう》であった。

ところで、この建安二十四年というのは、関羽が樊《はん》城を攻撃していたときである。関羽は当然のこととして劉封《りゅうほう》・孟達に助太刀を求めた。ところがかれらは、この地方が平定されたばかりだというのを理由に、羽の要請をことわった。このあたり、すでに孟達の日和《ひより》見《み》が始まっていたのである。

やがて関羽は敗れて殺された。兄弟とも頼む羽が死んだひとつの原因は、孟達が助けなかったことにあるので、劉備は孟達を恨《うら》むようになった。そのうえ孟達と劉封の間も悪くなり、とうとう延康元年（二二〇）、部曲《ぶきょく》（私兵）四千を率いて孟達は魏に降《くだ》った。

魏では曹操が死に、曹丕《そうひ》が魏王になったばかりである。戦略上の要地にいる孟達が降《くだ》ってきたのは、かれには非常な喜びであったらしい。また、孟達のことを「将軍としての才能があります」「大臣の器《うつわ》を備えています」などと、曹丕に吹き込むものがあり、曹丕の孟達に対するいれこみようもやや異常である。かれは孟達の背をなで、「まさか劉備の刺客じゃないだろうな」などと冗談をいい、新城太守に任命した。新城郡は先の上庸・西城・房陵を合わせたもので、郡治はもとの房陵におかれた。

新城太守になった孟達は、夏侯尚《しょう》・徐晃《じょこう》とともに劉封を襲撃した。このとき孟達は封に降伏をすすめる手紙を送ったが、そのなかに「あなたは劉備の養子になったが、いまは阿《あ》斗《と》が生まれて皇太子になっているから、蜀の内部ではあなたが変事を起こすのではないかと疑っていますよ」などといっている。結局、劉封は降伏の勧告をはねつけたが、申耽《しんたん》兄弟が魏に降《くだ》ったので、劉封は成都に逃げ帰り、襄陽・漢中を結ぶ交通路は魏の支配下に入った。

ちなみに劉封は、劉備から関羽を救わなかったことを恨《うら》まれ、また諸葛孔明も、「劉封は武勇に秀れ、劉備の死後、これを抑えることがむつかしい」と判断したので、ついに自裁をせまられた。かれは死に臨んで、「孟達の言を用いなかったのが恨めしい」と嘆いたという。しかし、魏に降《くだ》って生を保ったほうがよかったか、ここで自殺したのがよかったか。読者はどう思われるだろうか。

〝小悪党〟の末路

さて、孟達は新城太守として数年を過ごしたが、二二六年、彼が頼っていった文帝曹丕《そうひ》が没した。またそれより前、友人であった夏侯尚も死んでしまっていた。かれは他国に身を寄せている身で、しかも国境地帯におり、曹丕・夏侯尚も没し、心に不安の念が萌《きざ》した。孔明がその心の動揺を見すかしたかのように、ひそかに蜀に帰ってくるように誘いをかけた。手紙の往復が何回かあって、孟達から玉玦《ぎょくけつ》（玦とは環状で一部が欠けている佩玉《はいぎょく》）・織成の障扇《しょうせん》（縫い取りのある長柄の扇）・蘇合香（南海産の香料）が送られてきた。決心がついた（玦）。計略も成った（成）。事すでに合わん（合）という意味である。

そのころ司馬仲達は宛（南陽）に駐屯していた。それで孟達は孔明に送った手紙の中に、「宛は洛陽から約二五〇キロメートル、新城からは七五〇キロメートルの所にあります。私が事をあげたと聞けば、天子に報告して私を伐《う》たんことを請《こ》うでしょうが、そのやりとりに一ヵ月はかかるはずです。その間に私の城は堅固になり、しかも新城は地の利に恵まれております。司馬公は攻めて来ないでしょうし、私の方には何の心配もありません」

といっている。『演義』では、孔明は孟達のそうした考え方は危険であると注意している。

一方、仲達も孟達を放っておいたわけでない。かれも孟達に手紙を書き送った。

「あなたは昔、劉備を捨てて魏の国に一生を託された。国家もあなたに新城太守という重任をゆだね、蜀をはかることをまかせたのです。だから蜀の人であなたに歯ぎしりしないものはありません。諸葛亮はなんとかあなたと魏の間をさこうとして、道がないのに苦しんで、なにかと策動しています」

そのうちに孟達と仲がよくなかった申儀《しんぎ》が、かれの叛意《はんい》を仲達のもとに知らせてきたので、「孟達は二賊（呉・蜀）と交通し、天下の動向を見て動こうとしている。かれを殺さなくてはならぬ」と考えた仲達は、直接新城に向かって攻め込んだ。八日で新城に仲達が現われたので、孟達は「なんとすばやい行動であろう」というだけであり、孔明も孟達の人格を尊重していたわけではなかったので、見捨ててしまい、孟達は首を斬られて洛陽の町でさらしものにされた。

そういえば曹丕《そうひ》も、孟達を迎えた折、「蒿《よもぎ》の矢で蒿の原を射る（毒をもって毒を制す）ようなものさ」といっていたというから、使いすてにされた〝小悪党〟という感がする。

董卓《とうたく》の暴虐《ぼうぎゃく》ぶり

「三国志」の登場人物のなかには、ずいぶんと腕力の強い、武勇にすぐれたものが出てくるが、ただ強いだけでなく同時に節操のある行動をしているものが多い。しかし、暴虐のしだいをつくした悪徳漢もないわけではない。行動に理不尽なものがあれば、それは世の指弾《しだん》を受けるのである。

董卓も若いころは、チベット系の羌《きょう》族の酋長たちがたずねてくれば、自分が飼っている耕作用の牛を殺してご馳走をしたり、軍功を立てて褒美《ほうび》にもらった絹九千匹をことごとく部下にわけてやったり、人心の掌握にも心がけていた。しかし何進《かしん》の要望をいれ、洛陽に出て来たころより、かれの行動は荒々しさだけが目につくようになる。

董卓は廃立を企て、十四歳の少帝を廃して、九歳の献帝を擁立《ようりつ》した。そして少帝を殺してしまったのである。次には少帝の生母何《か》太后も殺害した。この廃立に反対した盧植《ろしょく》も危うく殺されるところを、蔡邕《さいよう》の口ぞえで辛うじて助かった。

何進の異父弟何苗《かびょう》は、何進が宦官誅滅《かんがんちゅうめつ》を志したとき、何進と同心せず、かえって宦官に通謀《つうちょう》した疑いをもたれて、何進の部下の手にかかって殺されていたが、董卓はこの何苗の棺をあばき、死体をひきずり出してばらばらにし、道ばたに棄てた。人の墓をあばくこと自体、死者への冒瀆《ぼうとく》として不道徳の最たるものであるが、そのうえ死体をばらばらにするなど、まったくひどい話である。

そのうえ何苗の母親――つまりかれが廃した少帝のお祖母さん――を捕えて殺してしまい、遺体を枳《からたち》の垣根のなかに棄てて、ほったらかしにしておいた。また、ある人が董卓の所に報告に来て、うっかり剣をはずさないでいたので、たちまちなぐり殺されたこともある。

これらの行為は、泥棒にも三分の理とかで、殺されたり墓をあばかれたりするにはそれなりの理由がないわけではない。しかし、次に述べる行為は、まったく理由なき大量虐殺と略奪行為であり、弁護の余地がない。

董卓が軍を率いて陽城《ようじょう》（河南省登封。洛陽の東南約五〇キロメートル）を通り過ぎたとき、ちょうど二月で、鎮守の森で春のお祭りをしていた。かれは鎮守の森に集まっていた男子の首を斬り、婦女や財物を掠《かす》め取り、それを車に載せ、車の轅《ながえ》に男の首をぶらさげて洛陽に帰って来た。

洛陽に帰ると、「今日は賊《ぞく》を攻めて大収穫があった」といって万歳を叫び、首は焼きすて、女は部下にあたえて婢妾にした。また宮中の女官や、劉氏一族の女性を手ごめにするなど、兇暴の限りをつくした。そして反董卓の軍が各地に起こると、ついに洛陽に火を放ち、歴代皇帝の陵墓《りょうぼ》をあばき宝物を取って長安に遷都した。

長安に遷《うつ》ってからも、宴会の席上に謀反《むほん》を計ったもの数百人を引き出し、その舌を斬り、あるいは手足を斬り、眼をくりぬき、かまゆでにし、死にきれぬものが杯盤の間にたおれていた。宴席にいたものはふるえ出して箸《はし》をおとしたが、董卓だけは平気で飲み食いをしていた。「法令は苛酷で、愛憎によって刑罰はでたらめであり、無実の罪で死ぬもの千数百を数え、人々は董卓に対して不満をつのらせたが、うっかり口に出すとどうなるかわからぬので、目と目で知らせあった」といわれている。

董卓のとった残虐な行為は論外であろう。しかし、甘粛《かんしゅく》の辺境地帯から出て来て、急に天下をとった董卓にとって、都の洛陽にいる官僚や貴族、廷官たちを恐れさせようとすれば、このような暴力行為に出て、圧倒的な力を示すほかには道はないと考えたのであろうか。あるいは情緒不安定におちいったのであろうか。

しかし、最近においてもヒトラーのとった行為などを想起してみれば、その行為は五十歩百歩ということであろう。身近な例でも、金力にものをいわせ、あるいは権力を笠に着、数の多さを誇って恫喝《どうかつ》し、ただ力ずくに人を押さえようとするものが皆無であるとはいえまい。

人間である以上、他人からの信頼を得ることは大切なことであるが、とくに政治家として一国の指導的立場に立つ者には、それは必要不可欠なことといえるであろう。しかし、人から信頼を受けるためには、自分自身の行為にきっちりとした筋目をつけることが必要であり——例えば関羽が曹操のもとを立ち去ったときのように——言行の一致が必要であろう。その場しのぎの発言や、一片の声明書は、一度は人をごまかすことができても、永久に人の信をつないでおくものではない。ともすればリップサービスでその場を逃れようとすることが多い現在、歴史のなかに人間のとるべき行動の示唆を得ることは必要であろう。

4　虚名と実力

名声と実力の不一致

いつの時代でもそうであろうが、とくに「三国志」の時代のように、変化のはげしい動乱期には、過去の名声とか祖先の栄光といったものはほとんど役に立たず、実力あるものが結局は勝利者になるのである。

しかし、最初のうちはもちろんそのようなことはわからない。名声あるものが即実力者と自他ともに認め、そのうちに名声と実力の不一致にまず他人が気づき、本人はほとんど無自覚のまま最後の時を迎えるというのが、古今を通じての常道ではないだろうか。

とくに歴史上の変革の時期には、それが顕著《けんちょ》にあらわれる。たとえばヨーロッパの古代から中世の転換期に、ローマ帝国はもろくも崩壊し、イタリア・ルネサンスのパトロン、メディチ家もやがては衰退し、大航海時代にまず世界を制覇《せいは》したスペインも、新興国イギリスの提督ドレークに打ち破られ、イギリスの擡頭を招いた。そのころ日本でも、織田信長は今川義元を桶狭間《おけはざま》に打ち破り、新しい時代の門を開いた。もっと身近な例をみても、第二次大戦に敗れ、それまでの日本の政治・経済を指導していた人々が倒れていったのは、記憶に新しい。

さて、黄巾《こうきん》の乱がおこって以後、だんだんと地方に独立の政権ができていく。最初は州という広域行政区画をひとつの単位にして、その州の長官である州牧《ぼく》や州の刺史《しし》を首領にかついで、集団が形成されていく。もともとは行政官であった州牧や刺史が、黄巾の乱のころから軍事面での指揮権も中央からまかされたことが、ジャンプ台になった。

前にもその名前を挙げたが、州牧のなかには劉氏と名乗るものが三人いる。益州《えき》の劉焉《りゅうえん》、荊州《けい》の劉表《りゅうひょう》、そして幽州《ゆう》の劉虞《りゅうぐ》である。いずれも漢王室と血筋を同じくするものとして、人々の尊敬を受けていた。

劉焉――この人はどうしたわけか『演義』では幽州の太守とされて、劉虞との混乱がおこっているが、かれなどは若いころ学問も積み、もし平穏な時代であれば、地方官としてそこそこの成績をおさめたであろう。事実、かれの益州牧の時代は、まだ英雄豪傑たちが益州にはあまり注目していなかったこともあって、とくに破綻《はたん》も生じなかった。

しかし、息子の劉璋《りゅうしょう》のときに、一部の人の反対を押し切って劉備を益州に呼び入れたため、かえって劉備に亡ぼされてしまった。劉璋はいってみればお坊っちゃん育ちで、決断力に乏しく、外からの言葉に左右されがちで、いまふうにいえば自主性に乏しかったようだ。それが劉備招請《しょうせい》にも現われてくるのであるが、最後に劉備によって成都をとり囲まれたとき、精兵三万人、穀帛《こくはく》（食糧や衣類）も一年を支えるだけのものがあり、役人も一般の人民もみな劉璋のために死んでも戦おうとの決意を示したが、

「われわれ父子は二十年あまりこの地を支配して、何の恩徳もおまえたちに加えてやれなかった。おまえたちが三年間もの戦争で血と膏《あぶら》を流したのは、この私がいるからなのだ。どうして心を安んずることができよう」

といって、城門を開き降参してしまった。

決断力に乏しいといわれていた人にしては、実に立派な覚悟である。責任ある地位についているものは、つねに面子《メンツ》にとらわれず、この覚悟をもって事に処する必要があろうし、部下たちへの思いやりの気持ちというものは、大切なものである。しかし、思いやりだけで政治や外交ができないのも現実である。平和なときならともかく、劉璋もまた乱世向きの人物ではなかったといえよう。

劉虞も劉焉などと同じような型《タイプ》の人物で、かれを慕《した》って多くの人が幽州に移住し、州内は繁栄した。袁紹などから皇帝になるよう勧められたが、最後まで断わりつづけ、漢の臣下としての筋を通そうとしたのであるが、結局、実力のある公孫瓚《さん》に殺されてしまった。

ハリコの虎だった劉表

劉焉・劉虞・劉表の三人のなかで、過去の栄光をいちばん重くひきずっていたのは、劉表である。

二世紀のなかごろ、宦官《かんがん》のばっこが激しくなったころ、反宦官の運動に立ち上ったグループがあった。「清流派」などと呼ばれる。当時の人は、そのグループをさらに八人ずつの小グループに分けて番付を作り「八某」と呼んだ。もっとも最高にランクされたのは三人だけで「三君」と名づけられ、以下「八俊《しゅん》」「八顧《こ》」「八及《きゅう》」「八厨《ちゅう》」とつづくが、劉表はこの「八厨」の一人に数えられていた。

厨とは財をもってこの運動を助けたものという意味であるから、いまでいえば、この運動の〝スポンサー〟の一人ということになるだろうか。もっとも別の資料では「八俊」とあり、さらに「八顧」あるいは「八及」とするものもある。いろいろな番付が作られており、同じ人物もさまざまに分類されたのであろう。

かれら反宦官グループは、実権を握っている宦官たちから、「党派をつくって政治を乱した」かどによって、禁錮《きんこ》（官吏身分の剝奪《はくだつ》）の刑に処せられ、中央から追放されて地方に帰っていった。それが一六六年のことである（党錮《とうこ》の獄《ごく》）。黄巾の乱がおこって党錮は解かれたが、多くのものはこの二十年の間に亡くなっていた。

さて「八厨」の一人とはいえ、清流派の生き残りであり、かつ劉氏の一族、身長も一九〇センチもあろうかという偉丈夫であるから、劉表に対する人々の尊敬の気持ちは強く、そのうえ荊州は益州にくらべればしばしば戦場になり、英雄豪傑たちの手におさめたい土地としてねらわれる度数は多かった。それでも黄河流域にくらべれば安定していたので、自然、他の地方からこの地をめざし、劉表の配下に入ることをのぞんで来るものもあった。したがって、その勢力は決して無視できるものではなかった。

ただ、劉表は年をとり、時勢の動きを見てただちにこれに反応するような判断力、決断を即座にくだす能力を失っていた。かといって部下の意見を素直にとり入れるタイプの人間でもなかった。少しばかり家柄や才能を誇示するものに、えてしてこのような人物がいるのではなかろうか。

官渡の戦いの際、袁紹から人を遣《つか》わして助けを求めてきたとき、劉表はそれまでのいきさつから、紹に「承知した」と返事をしておきながら、実際は軍を出さず、かといって曹操を助けるわけでもなく、ただ形勢を観望して洞《ほら》ヶ峠をきめこんでいた。部下の韓嵩《かんすう》・劉《りゅう》先《せん》たちは、

「豪傑ならび争い、両雄が相対峙しており、キャスティングボートは将軍の手中に握

られています。もし将軍が大事をなそうとされるなら、両者の疲弊《ひへい》に乗ずればよろしい。もしそういう気持ちがないのなら、どちらか一方を選んでつき従うべきでしょう。いたずらに十万の衆を擁《よう》して天下のようすを観望し、どちらからの要望にも応じないでいると、両方から怨《うら》まれることになります。中立の立場をとることはできません」と説いた。さらにこの二人は、曹操がきっと勝つであろうから、味方をするなら曹操だ、ともいっている。

劉表の将軍蒯越《かいえつ》もまた表に同様のことを勧めたが、それでもかれは狐疑逡巡《こぎしゅんじゅん》する始末であった。それでもやっと韓嵩を曹操のもとに遣わした。しかし、これがかえってまずい結果をひきおこすことになる。気乗りせぬままに何かしようとすると、えてしてこうなるものなのだ。

韓嵩は曹操の所から帰って来ると、さかんに曹操の威徳について述べ立て、劉表に子供を人質に出すよう説いた。韓嵩の言い方もストレートすぎたのかも知れないが、劉表は韓嵩が自分に叛《そむ》いて曹操に味方してしまったと思い込み、嵩を殺そうとし、嵩に随行したものを拷問《ごうもん》にかけて殺したが、ようやくその他意のないことがわかって嵩を殺すのはとりやめた。

劉表はこうしてひとつの機会を失ったのであるが、曹操はなお劉表がその名声にもとづいて持っているであろう力に懸念を抱き、袁紹と劉表のどちらを先に討とうか迷っていた。しかし、劉表が曹操の幕僚からはすでに見くびられていたこと、前に述べたとおりである。

人望も実力のうち

さて、同じ劉姓を名乗るが、劉備はどうであろうか。劉備がはたして中山《ちゅうざん》王の子孫であるかどうかは疑問視する人が多い。よし子孫であったにせよ、劉備のころにはまったくおちぶれていたといってよかろう。もしこれが平時であったなら、あるいは中山王の子孫であることなど、かれにとって何の意味もなかったろう。その点では、劉備は混乱の時代に生まれて、劉姓であることを十二分に利用したことになる。

劉備は前半生は根なし草であったが、天の時に恵まれ、後には荊州さらに益州と地の利にもあずかり、さらに人の和を得た。

一般に実力があるとかないとかいう場合、その個人の能力が問題にされることはもちろんである。三国時代に即していえば、武器をうまくあやつる、馬を乗りこなす、腕力がある等々の武勇に関する能力、あるいは作戦をたて、外国との交渉を行なうなど、頭脳を要する能力が数えられよう。しかし、一国一城の主ともなれば、人間を動かしていかねばならない。この場合、人の和を保つ能力が必要となってくる。それは多分にそれぞれの人がもつ人格、言葉をかえれば人間性にかかわってくるが、そういうものを身につけているということも、実力のひとつなのである。

集団を管理し動かしていくということは、ただ小手先だけの管理術を知っているだけでは充分でないので、そこに管理者の人格が反映されなければならない。劉備は武勇において、あるいは策略をめぐらす点で、必ずしも人よりも数段すぐれた能力をもっていたとは考えにくい。しかし、人間を見抜き、他人を自分にひきつけるものを持っていた。かれが劉姓であることも、人を集めるのに若干の助けにはなったろうが、かれのもっていた人間的魅力が、ついには蜀《しょく》の皇帝に即かせたのである。

かれが若くして平原（山東省平原）の相《しょう》となったとき、その地の豪族で劉平《りゅうへい》というものが、平素から先主を馬鹿にしてその下になっているのを恥と思い、刺客をさしむけたことがあった。しかし、刺客は事情を備に告げて殺さずに去っていった。それはかれが自分を殺しにきたとも知らず、刺客を非常に手厚くもてなしたからであるという。

このように、かれはふだんから自分より目下のものとも、席を同じくして坐り、同じ食器から食べものをとり、交わるに人を選ぶというところがなく、人々に慕われていた。

〝同じ釜の飯を食う〟ということわざがあるが、身分の差をかまわず、飲食などを共にするのは、人心収攬《しゅうらん》のひとつの手段として、昔からとられていることである。

また、曹操が荊州に攻めてきたとき、劉表の子劉琮《そう》はあっさりと降参してしまい、そのことを劉備に知らせなかった。それで急に曹操の大軍に遭遇《そうぐう》して、劉備は困惑し、結局、荊州を捨てて南下を決意するのであるが、諸葛亮が劉備にいっそ劉琮を攻めれば荊州を有することができようと勧めると、備は「吾は忍びざるなり（私には耐えがたい）」と答えている。孟子の言葉では、「忍びざるの心は仁の端《いとぐち》」なのであって、かれの人柄の一端がしのばれる。

さて、この南下にあたって、劉備につき従うものが日ましに多くなり、衆十余万、輜重《しちよう》数千輛にいたった。この数はそのまま信用することはできないにしても、かなりの数に達したことが想像できる。そのために、一日にわずか十里あまりしか進まない。一方、曹操の軽騎兵は一日に三百里あまりのスピードで追いかけてくる。そのとき、ある人が、

「速く行って江陵《こうりよう》をお守りになるのがよろしい。いま、大衆を擁しているといっても、軍人は少ないので、もし曹公の兵が追いついてきたら、どうしてそれを防がれるおつもりか」

と、非戦闘員を切り離して、速く江陵に行くように勧めたのであるが、劉備は、

「そもそも大事業をなすには、必ず人間が根本である。いま、人が私の所になついてきたのに、私はどうして棄《す》て去るに忍びようか」

と答えている。劉琮《りゅうそう》一個人に対してだけでなく、人間そのものに対して情をもって対したわけである。ただしこれは備の生き方の根本を示すもので、現実はつねに理想どおりにはゆかない。この場合も、結局は妻子を棄て、輜重《しちょう》や大衆を離れて、孔明・張飛・趙雲ら数十騎と逃げ出すことになってしまった。

人材をどう生かすか

以上、劉氏を名乗る四人の人物について述べたのであるが、すでに何度か名前を出してきた袁紹・袁術について、もう一度述べてみよう。

袁紹は汝南汝陽（河南省商水）の人で、高祖父の袁安は一世紀の末に、三公のひとつの司徒に任ぜられた。それ以後約百年、二世紀の末までに四世代にわたり、五人のものが三公にのぼったというから、貴族といってよいであろう。

袁紹と袁術は従兄弟《いとこ》であるとか、あるいはもと異母兄弟であったが、紹の母親が身分の卑しいものだったので、叔父である咸《かん》の家に養子に行き、従兄弟となったとかいわれている。こういうこともあって、二人の仲はよくなかった。袁氏が滅亡する一原因として、この両名の不仲をあげることができる。

さて袁紹は、後漢を通じての名門の出であり、袁氏と門生（門下生）や故吏（もとの上司と下役）の関係にあるものは天下に満ちみちていた。そのうえ袁紹個人は、姿もよく威厳もあり、また身分あるにもかかわらず、他人にへり下る人物でもあったので、多くのものがかれのもとに集まってきた。

董卓《とうたく》が洛陽に入ってきて、横暴のかぎりをつくし、反董卓の軍が起こると、袁紹はその首領に推されることとなった。人はまずその家柄や外面の立派さを判断の基準にするものである。袁紹が首領に推されたのも、もっともなことである。そして袁紹のもとには、数多くの人材も集まってきて、このままで行けば袁氏が中原に鹿を射とめるのも近いのではないかと思わせた。しかし、かれは名声ほどに実力を備えてはいなかった。

すでに述べたように、かれは時代の流れを適確に判断することができなかった。そのために、多くの人物がかれのもとに集まってきて、現実に対処するための策を述べたのにもかかわらず、それを採用することができず、むざむざとチャンスを失い、ずるずると後退してしまった。それでしだいに袁紹のもとから人材が離れてしまったのである。

曹操の謀臣となった荀彧《じゅんいく》などは、早くから袁紹に見きりをつけた人の一人であろう。かれは袁紹から特別待遇で迎えようといわれ、また弟の荀諶《じゅんじん》や同郷の辛評《しんぴょう》・郭図《かくと》らが、袁紹からしかるべき地位に任ぜられたのを見ていたが、「袁紹は大事を成しとげることのできぬ人物だ」と考え、紹のもとを去って曹操の所に走った。

見ぬかれていた〝虚名〟

袁紹や袁術について、当時の人たちがどのように見ていたか、もう少し例をあげてみよう。

陶謙《とうけん》が死んで（一九四年）、劉備が徐州の牧《ぼく》に推されようとしたとき、かれを迎えにきた陳登《ちんとう》に向かって、劉備が、

「袁公路《こうろ》（術）が近くの寿春《じゅしゅん》にいる。この人は四世五公（四世代にわたって五人のものが三公の位についた）であり、世界の人がなついている人物だ。あなたは徐州をこの人に与えたらよい」

というと、陳登は、

「公路は豪傑ではあるが、混乱を治められるような人ではない」

と答えている。

北海（山東省昌楽）の相《しょう》であった孔融《こうゆう》の見る眼はもっときびしく、

「袁公路がどうして国を憂えて家を忘れるものであろうか。塚の中の枯骨《ここつ》同然で、どうして心にかける値打ちがあろう」

と劉備にいったので、備も徐州牧を受けたのである。

劉備が曹操の所に身を寄せていたとき、ある日、食事の折に、曹操が劉備にゆっくりと語りかけた。

「いま、天下の英雄はただあなたと私の二人だけだ。本初《ほんしょ》（袁紹）のともがらは、英雄に数えあげるにもたりない」

と。この言葉は、劉備が董承《とうしょう》から曹操誅《ちゅう》滅《めつ》の密詔を受けた直後のもので、曹操がそのことを知っていて語りかけたのかどうか、はなはだ微妙な発言なのであるが、袁紹の本質はよく指摘している。劉備はこの言葉を聞いて思わず箸《はし》を落とした。

このように劉姓の三人の州牧、あるいは袁術・袁紹など、いずれも名声が先行して実力が足りなかったものであるが、陳寿が、

「袁紹・劉表はみな威厳があり度量も豊かで、名をその時代に知られていた。しかし、二人とも外観は寛大のようでも内面は疑い深く、謀略を好んで決断力がなく、才能ある人物がいても用いることができない。善いことを聞いても、聞きいれることができない。嫡子《ちゃくし》を廃して庶子《しょし》を立て、礼を捨てておいて愛情を尊んだ。後継者の時代になって国家を滅亡させたのも、不幸なできごとではない」

と批評しているのは、けだし適評というべきであろう。

身のほど知らずの袁術

袁術と袁紹をくらべると、袁術のほうが袁氏の嫡流《ちゃくりゅう》意識が旺盛なせいか、行動はよりエリート意識が強く、直線的である。そしてかれのめざすところは皇帝の座であった。虚名に溺《おぼ》れて実力以上のことを企てたのである。

沛《はい》の相陳珪《ちんけい》はもとの太尉陳球の甥《おい》であり、公族（三公を出した家）の子孫ということで、若いころから袁術と仲よくしていた。ある日、術は珪に手紙を出し、

「昔、秦が政治に失敗し、英雄たちが争って天下をとろうとし、智勇兼ね備えたものがついにこれを奪った。現在、天下は混乱し、瓦解《がかい》しようとしている。いまこそすぐれた人物が立ち上るときである。あなたとは昔なじみであるから、きっと私が援助してほしいとの申し出をしたら、言を左右にして私の申し出をお断わりになることはないでしょう。もし大事をなそうとした際には、私の股肱《ここう》とたのむ家来になって下さい」

と、漢末の混乱を秦末の時代に見立て、われこそは世を統一に導く英雄と自負し、しかも同じ公族としての友人である以上、陳珪はきっと助けてくれるはずだと単純にきめつけての手紙である。

しかも一方では、陳珪の子陳応を脅迫して連れ帰り、人質にして珪を招こうとした。ところが、この陳珪もすでに袁氏に見きりをつけていたようで、返書をしたため、

「いまは末世ではあるけれども、あの秦の時のような暴政が行なわれているのではありません。曹将軍（操）ははかり知れぬ武徳をもった人で、時代に応じて昔のおきてを復興し、凶悪《きょうあく》なものを平定し、世界を安定に導こうとされることは、まことに事実に照らして数えあげることができます。

私は、あなたが曹将軍に協力して漢室を輔翼《ほよく》されると思っておりましたのに、ひそかに道に外れたことをしようとお考えになっておられます。ご自身で禍《わざわい》にかかるかどうか試そうとなさるのは、なんと痛ましいことではありませんか。もし、これが一時の迷いであって、正しい道に返ることを知っておられるならば、災を免れることができましょう。

私はあなたと旧知の間柄ですので、心からの気持ちを連ねました。耳に痛いことではあるでしょうが、肉親の情であります。私が私利を営もうとしてあなたに迎合することを望まれても、死んでもそれはできぬことです」

と、ぴしゃりとはねつけ、むしろ曹操を高く評価しようとしている。ちなみに陳珪は官渡の戦いの前に曹操に仕えることとなり、明帝のころまで元老として活躍した。

みずから招いた失敗

袁術の〝皇帝熱〟は、陳珪に断わられたぐらいでさめることはなかった。興平二年（一九五）冬、袁術は部下を集めていっている。

「いま、劉氏は弱まり、世界はわき立つ湯のようなありさまだ。わが袁氏は四世代にわたって三公を出し、人民もなついている。天命に応じ、民の気持ちにしたがおう（天子となろうとの意）と思う。諸君の気持ちはどうか」

人々はあえて答えようとしなかった。

じつはこういうときがいちばん危ないのであって、黙っているから賛成かというとそうではなく、反対すればどうなるかが恐ろしくて黙っているのである、そのなかから沈黙を破って、閻象《えんしょう》が進み出ていった。

「昔、周は后稷《こうしょく》（周の始祖）のときから文王に至るまで、恩徳を積み、功をかさね、天下の三分の二を有するほどになりましたが、それでも殷《いん》に臣下として仕えていました（周は文王の子、武王のときに殷を倒している）。あなた様はご歴代盛んではありますが、まだ周の盛んなのには及びませんし、漢室は衰えてはいるといっても、まだ殷の紂《ちゅう》王の暴逆さではありません」

と反対したが、今度は袁術が黙ってしまって、不機嫌になった。

やがて張烱《ちょうけい》というものが示した瑞兆《ずいちょう》（めでたいしるし）を用いて皇帝を僭称したが、荒淫奢侈《こういんしゃし》はいよいよはげしく、後宮の美人たちは数百人、みな絹のよい着物を着て、米や肉はありあまるほど、一方では士卒たちは飢えに苦しむありさまであった。

陳寿は「袁術が荒淫奢侈を重ね、よい最期《さいご》を遂げられなかったのは、みずからこれを招いたのである」と評している。

実力でなり上る

名門の袁紹や袁術に対して、実力でなり上っていったものは曹操ということになるだろう。曹操の場合は、祖先の名前がかえってマイナスに働いて、それがかれのスプリングボードになっていった。

改めてふれるまでもないが、曹操の父親は太尉曹嵩《そうすう》である。曹操が二十歳で孝廉《こうれん》（地方から中央に人物を推薦するときの名目。もっとも一般的なものである）に挙げられ、郎官《ろうかん》（中央で高級官僚候補者をプールしておく官職。もともとは皇帝の警固や顧問にあたる）に任命されたのは父のおかげであるが、しかし父親は、一方では操の三十歳のころ、太尉の官を金で買って悪名を残した。

ついでにいうと、曹操はかなり早くから父親と別居していたようである。さらに悪いことに、嵩は実は宦官曹騰《かんがんそうとう》の養子であり、曹騰は二世紀のなかばに四人の皇帝に仕えて、政治の黒幕の主役であった。

曹操はこのような父祖の悪名をひきずりながら、かれ自身は文武を兼ね備えた異能の人であった。陳寿の言葉を借りれば「非常の人、超世の傑（世にぬきんでた傑物）」であった。手ずから飛ぶ鳥を射、みずから猛獣を禽《とりこ》にし、かつて南皮《なんぴ》（河北省南皮）で狩をしたときには、一日に雉《きじ》を三十六羽射落としたという。また兵法の書を読み、『孫子』に注を加えると同時に、それを実際の戦場に応用した。

さらに建安の詩壇を代表する詩人であり、書家としても有名であった。音楽も囲碁も当時の名人上手にくらべてひけをとらなかったし、晩年まで学問に倦《う》むこともなかった。また不老長生の術にも深い関心を示した。

生活は質素で、後宮の女性は数は多かったようだが（かれはかなりの子福者であった）、上等で美しい着物は着せず、身近く侍《はべ》るものの履物《はきもの》も二色、カーテンや屏風《びょうぶ》も破れたらつくろう、夜具もあたたかであればよく、ふち飾りなどいっさいしなかった。

子供の教育にも熱心で、長男の文帝の思い出によれば、六歳で弓を射ることを教えられ、八歳で馬に乗ることを習った。また一方では詩を誦し、五経や史書百家の言を学ばされたとある。

かれはこのように自身の能力に恵まれた上に、よく謀臣の意見をとり入れ、機に応じた決断をくだして行動したので、ついに魏国を立てる基礎を築くことに成功したのである。

かれが許劭《きょしょう》から「治世の能臣、乱世の姦雄《かんゆう》（平和な時代であれば有能な臣下、乱れた時代であれば悪知恵にたけた英雄）」と評されたことは有名であるが、橋玄《きょうげん》――この人の二人の娘が、孫策と周瑜《しゅうゆ》の妻になった――は、曹操に向かって、

「天下はいまにも乱れようとしている。命世《めいせい》の才――一世をこえるような才能をもったものでなければ済《すく》うことはできまい。よく天下を安んじうるものはあなたであろうか」

といって、人々がまだあまり注目せぬ先に、曹操をはげましたという。それで建安七年（二〇二）に至って橋玄を祀《まつ》り、そのときかれの作った祭文《さいもん》も残されている。

そのほか、初平三年（一九二）、かれがはじめて州牧《ぼく》になったとき、それは兗《えん》州（山東省）の牧であったが、かれをかつぎ出した陳宮《ちんきゅう》は、州の人々に対して、

「いま、天下は分裂しているのに、兗州には主人がいない（州牧の劉岱《りゅうたい》は黄巾《こうきん》の余党に殺されたのである）。東郡太守の曹操は命世の才をもっている。もしかれを迎えて州の牧にすえれば、われわれの生活を安定させてくれるであろう」

と説き、鮑信《ほうしん》たちがそれに賛成した。鮑信はこの翌年、乱戦のなかから曹操を救い出したが、自身は戦死してしまった。

曹操に対して当時の人々が下した評価はまだまだあるが、このあたりでとどめよう。とにかくかれは、その実力を早くから注目されていたのである。

劉備がともかくも劉氏であることを看板にし、曹操がマイナス面を多くもつとはいえ、一応、高官の子弟であったのに対し、孫氏はまったくの背景なしに、実力で江南地方を従え、魏・蜀と鼎立《ていりつ》する国家（呉）をつくりあげた。

そこには孫堅・孫策・孫権三人の、父子兄弟でありながらそれぞれ異なった個性をもった人物が出たことと、これを盛り立てて江南の安定を求めようとした土着の人たち、あるいは北方の混乱をさけて南方に逃れて来た人々の意志が一致したことが、呉の建国を導き出したのであろう。

とくに孫策・孫権の兄弟は、策自身もいっているように、武勇の点では策がすぐれ、守《しゅ》成《せい》（できあがったものを守り維持してゆく）の面では権が適しているという、まったく異なった能力を有していた。そして不幸中の幸いというか、策が戦死し、権が後に残ったのは、父の孫堅の始めた事業を完成するのに好都合であった。

なお順序が逆になったが、父の孫堅の血は孫策に強く流れている。いいかえれば、孫堅も武に優れた性質の持ち主であった。

名声を利用した成功

虚名を得ているものも、場合によっては人心収攬《しゅうらん》のためなどに利用できることもある。

劉備が劉璋《しょう》を倒して蜀をはじめて支配下に入れたとき、かれらはいわば進駐軍であって、どのように人心を掌握して人々を自分のほうに向けさせるか苦心した。かれは官制を整え、具体的に人物を配置していくなかで、自分が荊《けい》州から連れていった人、もとからの土着の人で劉璋政権には直接関係なかった人、さらには劉璋の部下であったものなどを、たくみに登用していった。

例えば法正《ほうせい》というのは、右扶風《ゆうふふ》郿《び》（陝西省郿）の人で、建安のはじめに、あの孟達《もうたつ》とともに蜀に入って劉璋に頼ることになった。しかし元来が他郷《よそ》者ということで、土着の人たちとしっくりゆかぬものがあった。その怨《うら》みが劉璋の力量に対する不満となり、ついに劉備を蜀に迎える策動の中心人物となって活躍することになる。

それで劉璋を打倒して劉備が益州の牧となるや、劉備は法正を蜀郡太守に任じ、首都圏の行政の長とするとともに、謀主として厚く信任した。ただ、かれは執念深い人であったようで、これまでに受けたわずかの怨《うら》みに対しても報復しないことはなかった。そして自分勝手に殺したり傷つけたりするものが数人に及んだ。

ある人が諸葛孔明にいった。

「法正は蜀郡ではなはだ勝手なことをしております。将軍はご主君劉備に申されて、その勝手に刑罰を施したり、恩賞を与えたりすることを抑えられるべきです」

すると孔明は、

「ご主君が公安におられたとき、北は曹公の強さに畏《おそ》れ、東は孫権が迫ってくるのを憚《はばか》っておられた。身近な所では、孫夫人がいつ変事をおこすかもわからなかった。この進退きわまっていたときにあたって、法正がそれを輔《たす》けて、鳥のように高く飛ばさせたのである。どうして法正のすることをやめさせて、かれの気持ちどおりにすることができなくさせられようか。

はじめ孫権が妹ごを先主にめあわせた。孫権の妹ごは才能ははしこく、しかも気の強い方で、兄君方の風を帯びておられた。侍女が百余人もいたが、彼女たちはみな刀をもって侍《はべ》っており、ご主君は孫夫人の居間に入られるごとに、心中いつもびくびくしておられたものだ。

私はご主君がもとより法正を信愛されていることがわかっているので、このように申すのです」

と答えている。

話が少し横にそれたが、この法正が、劉璋時代に蜀郡太守をしていた許靖《きよせい》を重く用いるよう劉備に進言した。

許靖は曹操を〝乱世の姦雄《かんゆう》〟と評した許劭《きよしよう》の従弟《いとこ》で、やはり人物批評家として有名であったが、流れ流れて劉璋を頼り、蜀に来ていた。ところが劉備が成都を攻めると、許靖は蜀郡太守という地位にありながら、城壁を越えて降参しようとして果たさなかった。戦争の末期のこととて、劉璋もこれを処罰しなかった。

しかし劉備は、この許靖の行為を道徳にそむくものとして嫌い、用いようとしなかった。

そこで法正は、

「天下には虚誉《きよよ》を得て、その実体のないものがおります。許靖はこうした人物です。しかしいま、ご主君は大事業を創《はじ》められたところで、天下の人に一戸一戸まわって、許靖は名声ばかりで実のないことを説いて回ることはできません。かれの名声は世界中に鳴り響いているのですから、もしかれを礼遇しなければ、天下の人は、ご主君を賢者を賤《いや》しむものとするでしょう。尊敬を加えて、遠近のものの目を眩惑《げんわく》すべきです。昔、燕《えん》王が郭隗《かくかい》（「隗より始めよ」という諺の主人公）を厚くもてなしたことを思い出して下さい」

といったので、劉備は許靖を太傅《たいふ》に任じた。これなどは虚名を得たものをうまく利用した例といえるだろう。

最近のようにマス・メディアが発達すると、虚名を得るものがいよいよ多くなっていくのは避けられないであろう。そして一方では、その虚名を積極的に利用していこうとするものも出てこよう。タレント議員がすべて実力がないというのではない、大学教授に政治的能力がないというのではないが、左から右にいたるまで、あらゆる政党がその名声を利用して数を増すために議員にかつぎ出し、あるいは比例代表制の候補者リストの上位におくなどという現代日本の政治の風潮は、その一現象であろう。しかし、これは正道ではないのであって、真の政党政治を発達さす道ではなかろう。

ことは政治に限らない。卑近な例をとれば、名選手必ずしも名コーチ、名解説者というわけでもなかろうが、いかに各種スポーツのコーチや解説者に有名選手出身者の多いことか。名声がたんなる虚名なのか、実力に裏づけされているものかを見きわめるのは実にむずかしいが、絶えずそうした目で人の行動を眺めようとする態度は必要であろう。

5　勝者と敗者

勝者の条件とは何か

後漢末から三国時代にかけて、多くの英雄豪傑たちが、直接武器をもって戦い、あるいは頭脳戦をくりひろげてきた。そのひとつひとつの戦いに、勝者があり、敗者がある。そして今日の勝者は、明日の敗者になることもある。しかし、この約八十年の年月を通観すれば、曹操・劉備・孫権そして司馬懿《しばい》などは、一応の勝利者と呼ぶことはできよう。

いままでいくつかの項目のなかで述べてきたように、かれらが勝利者となり得た原因、そしてかれらのために打ち破られた袁紹《えんしょう》・袁術《えんじゅつ》あるいは劉璋《りゅうしょう》などが敗れた理由を、つづめていうならば、ひとつは時代の流れをいかに適確にとらえていくかということである。

「そもそも天下の大勢、分れて久しくなれば合一し、合一久しくなれば必ずまた分れるのが常である」

とは、『演義』第一回の書き出しの部分であるが、秦・漢約四百年つづいた統一の時代から分裂に向かっていくのが、この時期の大勢であった。その大勢をつかんだものが勝利者になっていく。

二つには、人材を集め、かれらに能力を発揮させることである。

三つには、こうして集めた多くの人々の意見を聞くとともに、それを実行に移す機会を見失わぬことである。曹操と袁紹は、ほぼ同じころに献帝を自分の陣営に迎えるべきだとの意見を聞きながら、曹操はただちにこれを実行に移し、袁紹はこれを拒否する方向に動いてしまった。また赤壁の戦いを前にしての劉備・孫権の同盟成立なども、その機会を失わずに実行に移されたために、好結果をもたらした事業といえるであろう。

ところで、司馬懿《い》はおくとして、曹操・劉備・孫権の三人を見た場合、このなかの勝者はと問われれば、やはり曹操をあげざるを得まい。なぜなら曹操の支配した領域は、当時の中国の先進地帯、中原地方——黄河流域であり、劉備の蜀、孫権の呉は、しょせんは地方政権にすぎなかった。しかも魏は、表面的には後漢の皇帝からその地位を譲られたので、正統論の立場から種々の議論もあろうが、魏を正式の王朝と認めざるを得ない。そして司馬懿の子孫は、また魏から皇帝の位を譲られて晋朝《しんちょう》をたてたのである。

それでは魏や晋が勝利者として、いつまでもその栄光をたたえられるかというと、そうでないところに人間の感情のゆれ動きの機微を見ることができる。わが国にも〝判官《ほうがん》びいき〃という言葉があるが、敗者に勝者以上の声援と激励が送られることがある。とくに蜀漢に対する同情心は『演義』のなかで、あるいは『演義』の前身たる講談のなかに、数多く見出すことができ、曹操＝悪玉、劉備＝善玉というパターンを生み出していったことは前にも述べた。

それは単なる敗者への同情というものだけではなく、劉備・関羽・張飛の兄弟のような固い結びつき、あるいは劉備・孔明の「君臣水魚の交り」と孔明の終生かわらぬ忠誠心が、中国の人々の心の琴線《きんせん》にふれて、蜀漢国への熱き思いとなっていったのであろう。また時代が下るにつれて、それがいっそう美化され理想化されていったことも否めない。

自分自身を知れ

劉備の死から約百年ばかり後、この時期はいわゆる五胡十六国のはじまりで、異民族による中国黄河流域の支配がおこってくるのであるが、五胡のひとつ羯族《けつ》（匈奴《きょうど》の別種といわれる）の石勒《せきろく》は、後趙《ちょう》国を建て、三一九年から三三三年まで皇帝の位にあった。かれは文字を読むことはできなかったが、歴史書が好きで、ひまな折にはしばしば家来に『史記』などの史書を読ませてこれを聞くのを楽しみにしていた。かれがあるとき、

「私は、いにしえからのこの国を開いた君主の誰とくらべられるか」

と問うと、李光というものが、

「陛下の神のような武と策略は、漢の高祖劉邦《りゅうほう》より越えておられますし、魏祖曹操よりもすぐれていらっしゃる。夏《か》・殷《いん》・周《しゅう》の三代より以下、比べられるものはございません。いにしえの五帝の一人黄帝につぐものでしょうか」

と、これはまた思い切ってごまをすったものである。石勒は笑い出していった。

「人はどうして自分を知らないでおられようか。おまえはあまりにも私を買いかぶっている。私がもし高祖劉邦に会ったなら、北面してこれに仕《つか》え、韓信《かんしん》や彭越《ほうえつ》と鞭《むち》を競《きそ》って先陣争いをするだけだ。もし光武帝に出会ったら、いっしょに並んで中原を駆けまわり、鹿はまだ誰の手におちるかわからない。

立派な男が大事業を行なおうとする場合、磊々落々《らいらいらくらく》（心の広いさま）、日月のように光明正大でなければならぬ。曹孟徳（操）や司馬仲達（懿《い》）父子が他人の孤児や寡婦《かふ》を欺《あざむ》いて、狐媚《こび》してもって天下を取るようなことは私にはできない。私はまあ劉邦・劉秀二人の間にあるだろう。黄帝などにどうして擬せられるものだろうか」

このころから、もう曹操・司馬懿に対する悪言が見られるのである。

後継者争いの勝敗

以上に見てきたのは、いずれも指導者たちの勝ち負けであったが、ひとつの集団のなかでも、首領の後継者の地位をめぐっての争い、それに伴う勝ち負けが出てくる。ちょうど高級官僚たちが事務次官の地位を争い、民間の会社で社長のイスをめぐっての確執《かくしつ》があるようなものである。

袁紹の下では袁尚と袁熙《き》、劉表の下では劉琮《そう》と劉琦《き》が争い、劉備の蜀漢でさえも劉禅と劉封の間はやや微妙であった。もっともひどかったのは呉で、孫権が長い間帝位にあった関係から、皇太子の孫和が権よりも早く死んだので、後継者争いがいっそう激烈となり、国力を急速に失っていった。

しかしここでは、魏の曹操の後継者争いについてみることにしよう。

曹操には二十五人の男子があった。そのなかで皇后卞《べん》氏が生んだのは曹丕《そうひ》をかしらに四人である。卞氏は琅邪《ろうや》（山東省）の倡家の出であったが、二十歳で曹操の妾となり、建安のはじめ、丁夫人が廃された後、正夫人に立てられた。すでに四子の母であったから、そのころ十歳ぐらいであった曹丕は、将来の皇太子の地位が一応約束されたのである。しかし、かれの同母弟で五歳年下の曹植《しょく》が、ライバルとして顔を出してくる。

ところで曹操の二十五子の一人に曹沖《ちゅう》というものがいた。環《かん》夫人の子である。沖は非常に聡明《そうめい》な子であった。五、六歳のころ、孫権から曹操のところに巨象が送られて来たことがあった。曹操は象の体重が知りたかったが、周囲のものもどうして計ったらよいかわからなかった。そのとき沖が「象を船にのせ、船の沈んだ所に印《しるし》をつけておく。そのあとで象の代りに物をのせて、その物の重さを計ればよい」といった。曹操は非常に喜んだ。

また次のような話もある。曹操の馬鞍が鼠にかじられた。倉庫番の役人は死刑になるのではないかと恐れた。曹沖は「三日だけ待つように」といいおいて、刀を使って自分の着ている単衣《ひとえ》に、鼠がかんだように穴をあけ、わざとしょんぼりとした風をしていた。曹操がたずねると、「世間では鼠に着物をかじられた者は、不吉であるといっています。いま、私の単衣はかじられました。それで心配しているのです」と答えたので、「それは根拠のないことだ。苦にすることはない」と曹操は諭《さと》した。すると突然、倉庫の役人が例の鞍を持って出てきた。曹操は笑っていった。「子供の着物はすぐそばにおいてあるのにそれでもかじられた。まして鞍は柱にかけてあるのだからな」

このように機転もきき、思いやりもあったので、曹操も可愛がり、自分の後に立てようと考え、そのことを左右のものに洩《も》らしてもいた。しかし建安十三年（二〇八）、沖は十三歳の若さで病死してしまった。操の悲しみようがはげしかったので、曹丕《ひ》がそれとなくたしなめると、かれがいった。

「これは私の不幸で、おまえの幸《しあわせ》だ」

こういいながらもなお涙を流していた。いかに曹操が沖《ちゅう》を可愛がっていたかがわかる。そして甄《けん》氏の娘ですでに死んでいたものをもらいうけて妻としてやり、合葬《がっそう》した。

この曹操の曹沖に対する態度を見ていると、嫡長子を後継者にすると単純に考えているのでなく、賢者を立てようとの意志のあることがわかるが、この才能主義が曹丕と曹植の対立を生み出していった。しかも曹丕と曹植共に才能に恵まれていただけに、この五歳違いの兄弟の争いははげしかったし、かれらをとりまく人たちもこれに加わって、対立をいっそう鋭くした。時代と国とを問わず、また皇帝たると社長たるとに関係なく、トップの後継者争いは、とりまき（派閥）によってあおられていくものだ。


「豆を煮るに豆がらを燃やす」


有名な「七歩の詩」の逸話《いつわ》も、両者の対立を背景にして生まれたものである。曹丕が曹植に七歩歩くうちに詩をつくれといったところ、植が、

「豆を煮るに豆萁《まめがら》を燃やす。豆は釜中にありて泣く。本《もと》是れ同根より生ずるに、相煎《に》ること何ぞはなはだ急なる」

とただちに応じた。

二人の争いは、結局、建安二十二年（二一七）、曹操が曹丕を魏の王太子に指命したことで終止符をうった。勝者と敗者ははっきりと行く道を違えることになった。曹丕は三年後に皇帝の位についたが、曹植はどのような道を歩いたであろうか。

かれは文学者気質というか、性質はおおまかであって、作法どおりに振舞わず、自らの心にまかせて行動してそれを抑えることができず、酒を飲んでも、限度を越えてしまうという次第であった。建安二十四年、関羽が曹仁を攻めたとき、植を救援に行かせようとして曹操が呼び出したところ、かれは酔っぱらって命令を受けることができなかった（しかし、曹植に対する同情もあってか、『魏氏春秋』という本では「植が曹操の所に行こうとすると、曹丕が酒を飲ませ、むりやりに酔わせてしまった」と記している）。

曹丕は即位すると、かつての曹植のブレーンであったものをことごとく殺してしまった。さすが植を殺すことはしなかったが、黄初二年（二二一）には、曹植の目付役として派遣しておいた灌均《かんきん》から植が酒に酔って無礼であり、使者を脅迫《きょうはく》したと訴えてくると、文帝は植を重罪に処そうとした。しかし、母親である卞《べん》皇太后の心をおしはかって、安郷侯に左遷した。

のちに植は鄄《けん》城王に封じられたが、雍丘《ようきゅう》王・浚儀《しゅんぎ》王・雍丘王・東阿《とうあ》王と、しばしば国替えがなされ、太和四年（二三〇）に卞皇太后が死ぬと、曹氏一族との交際すらも自由にすることができなくなり、太和六年、陳王に封ぜられ、その年の十一月没した。最後が陳王だったので、一般に陳思王と呼ばれる。

このように曹植の生涯は世俗的には恵まれたものではなかったが、かれの場合は、その文学的な才能がかれを支え、その名を後世に伝え、文学者とくに詩人としての名声はついに兄の曹丕を凌駕《りょうが》して勝者となった。

悲運の敗者・沮授《そじゅ》

本書の最後にもってくる人物にしては、あまりにも名前が知られていないかも知れぬが、袁紹の部下として悲運の最期《さいご》を遂げた沮授《そじゅ》をとり上げてみよう。

かれの場合は、自分の仕《つか》える主人が敗者になったため、自身も敗者の地位におかれたのである。もちろんその原因をすべて袁紹だけに求めるわけにはいかない。沮授にも結果的には主人を輔佐《ほさ》しきれなかった責任はある。

沮授は最初、故郷の冀《き》州の牧《ぼく》の韓馥《かんぷく》に仕えた。しかし韓馥は後漢末のような混乱期を乗り切れる人物ではなく、州牧の地位を袁紹に譲った。そこで沮授も袁紹に迎えられることになった。この点、かれは一見恵まれているように見えながら、実は主人運に恵まれなかったともいえよう。こういう人はよくあるものである。

しかし沮授が袁紹に仕えたころは、袁紹は四世五公の家門の誉《ほまれ》を背景に、飛ぶ鳥も落とす勢いであった。それが虚名であったことは前に述べた。ところでそのころは、まだ董卓《とうたく》一派が長安に献帝を擁立《ようりつ》していた時期であったから、かれは、袁紹に向かって、帝を迎えるようにと説き、袁紹も喜んで「これ吾が心なり」と答えている。皇帝擁立が混乱期を勝ち抜くための最上の手段であるとするのが、かれの最初からの構想だったのである。そして董卓の死後、重ねて献帝を冀州牧の本拠である鄴《ぎょう》に迎えることを勧めている。

袁紹は喜んでその計画を実行しようとしたが、郭図《かくと》、淳于瓊《じゅんうけい》らが反対した。

「漢室はもう久しきにわたっておとろえております。いま、これを復興しようと思っても、それは何ともむずかしいことではないでしょうか。そのうえいま英雄たちは州郡に割拠《かっきょ》し、その衆はいずれも万をもって数えることができます。いわゆる秦がその鹿を失い、先にそれを得たものが王となるありさまです。もし天子を迎えてそれに近づけば、行動する場合にも上表文を差し出さねばなりませぬ。もし天子の意志に従うならば、天子の命令ということで、あなたの権威は軽くみられ、もし天子の意志に違《たが》うならば命を拒《こば》んだことになり、不忠の名は避けられません。善い計略ではございませぬ」

これに対する沮授の反論は、

「いま朝廷を迎えるのは至義であると存じます。また時宜にかなった計画でもあります。もし早く着手しなければ、きっと人に先を越されてしまうでしょう。そもそも臨機の計は機会を失ってはなりません。功は速決にあると申します。将軍どうかお考え直し下さい」

しかし、袁紹は結局、沮授の計をうけ入れず、そのために機会を失い、曹操に先をこされてしまった。

聞き入れられない提言

その後、袁紹は大将軍として鄴侯《ぎょうこう》に封じられることになるが、かれはこれを拒絶し、公孫瓚《さん》を討ち破って黄河以北を手中にした。そして長子の袁譚《たん》を青州の刺史《しし》に任じ、袁氏専制の足場固めをしようとした。そのとき沮授は、またその不可なることを諫《いさ》め、

「袁氏でなければ州の刺史になれないとわかれば、だれでもが協力しなくなるでしょう。そのうえ後継者を決定する場合に『年齢が同じ場合には賢者を選び、徳が均《ひと》しければ占いで決める』これがいにしえの制度であります」

といったが、袁紹は、

「私は四人の児にそれぞれ一州を根拠地として与え、その能力を観察したい」

と答えるだけだった。沮授は袁紹の所から出てくると言った。

「禍《わざわい》はここから始まるぞ」

袁紹は沮授の諫《いさめ》を聞かず、中子の袁熙《き》を幽州に、甥の高幹を幷《へい》州の刺史に任じ、許《きょ》の曹操攻撃に出かけた。

さらに白馬の戦いを前にして、沮授は、

「顔良は性質が気短かで、勇気はあるけれども、かれ独りだけに任せてはいけない」

と諫めたが、これも聞き入れられなかった。沮授はここにおいて自身の運命の行く末を見通したのであろう。袁紹が戦争に赴《おもむ》こうとしたとき、一族のものを集め、資財を分け与えていった。

「そもそも勢《いきおい》があれば、威力が加わらないことはない。しかし勢がなくなれば一身を保つことすらできない。かなしいことである。曹操は賢明なる戦略の上に、天子を擁しているという有利さがある。わが軍は公孫瓚に勝ったけれども、人々はまことに疲《ひ》弊《へい》し、しかも将軍たちは驕《おご》り、ご主君（袁紹）は過信していられる。わが軍はこの戦《いくさ》で敗れるにちがいない。昔、揚雄《ようゆう》は「戦国の六国が正義にもとる行ないをして、秦のために周を弱くしてしまった」と記しているが、現在《いま》のことをいっているのである

（曹操が秦、漢が周、そして袁紹らが六国にあたる）」

自分の思うとおりに事が運んでいかず、すでに敗戦を見通しているのである。しかしあくまでベストはつくさなければならぬ。袁紹が黄河を渡って延津《えんしん》にとりでを設け、劉備・文醜に南進して曹操に挑戦するよう命じたとき、沮授は、

「勝負の変化はどうなるかわからない。いまは延津に留って、兵を官渡に分けるのがよろしい。もし勝利を収めれば、延津に留っていた軍を迎えにやらせてもおそくはありません。もし不利なことになれば、大軍は還《かえ》れなくなるでしょう」

と献言したが、袁紹はまたしてもそれを聞かなかった。沮授は黄河を渡るに臨んで、嘆いていった。

「上の者はその志を盈《み》たすことのみを考え、下のものは功績をたてることばかり考えている。悠々と流れる黄河よ。私は引き返そうか」

そしてこの言葉を残して、ついに病気を理由に袁紹の下を辞し去った。袁紹は恨《うら》みに思い、その率いている兵を郭図に属させた。一説には郭図が沮授をおとし入れて、沮授の軍隊を三分割させたともいう。なお戦いの結果は、授の恐れていたとおり、文醜は斬られ、袁紹の軍の大将たちが生けどりにされ、袁紹は大敗を喫した。

敗者から学ぶ教訓

官渡の戦後、沮授は捕えられて曹操のもとに連れてこられた。曹操は手厚くこれをもてなしたが、袁氏のもとに還ろうと謀《はか》って殺されてしまった。孫盛は沮授や田豊（かれも袁紹にしばしば意見を述べたが受け入れられず、殺されてしまった）を論じて、

「かれらの謀《はかりごと》は、漢の高祖の謀臣張良や陳平にもおとらない。だから君主は臣下の才能を見きわめることが貴《とうと》ばれ、臣下は主君の力を量《はか》るのが大切とされる。君主たるもの忠良なものを用うれば覇王の業は盛んとなり、臣下の身として闇君を奉ずれば、滅亡の禍がやってくる。存立するか滅亡するか、栄誉をうるか恥辱を受けるかは、必ずこれに原因する」

と述べているが、沮授はついによき主人にめぐり会えなかったために、不幸な一生を送り、人生の敗残者となってしまった。

荀彧《じゅんいく》などは、早々に袁紹に見きりをつけてその下から離れていったのに、沮授や田豊は最後まで袁紹の所にふみとどまって、袁紹をもりたてようとした。それなのに、かれらのいうところはほとんど用いられなかった。『詩経』に「逝《ゆ》きてまさに汝を去り、彼の楽土に行かん」とあるように、乱れた国を去り、有道の国に行くのは許されることなのに、つ

いに袁紹から離れなかったのはなぜなのか。袁紹にそれだけの魅力があったのか、袁紹個人ではなく袁氏そのものに賭けたのか、それともつくべき有道のものがないとみたのだろうか。あるいは故郷の冀《き》州から離れることにこだわったのであろうか。

いずれにせよ、部下はよき上司に恵まれることが大切であり、上司は部下の能力を引き出し、その意見をとりあげてやるよう努めねばなるまい。そうでなければ、ついに人生の敗北者となるであろう。

あとがき

昭和五十九年十二月十六日、本書の前半の初校を送り終えた。ところが翌朝、朝日新聞を開くと、「赤壁《せきへき》の戦いに曹操《そうそう》敗れず」「中国で新説／自ら火を放ち引き揚げ」などといった見出しが、ねぼけまなこに飛び込んできて、目をさまさせられた。

朱正誼氏が「赤壁の戦いでは、周瑜《しゅうゆ》が活躍したのでなく、曹操が自ら火を放って退いたのであり、戦いの場所も確定しない」等々といったことを論文で発表したという。

私が本書でもふれ、朱氏も論文中に第一番目の根拠として引用されているようだが、曹操が戦後「赤壁では周瑜に虚名を得させた」と孫権《そんけん》に手紙を書き送ったという話があった。これは『江表伝』に載せられている。陳寿《ちんじゅ》はその話を採用せず、裴松之《はいしょうし》が注をつけるときに引用したのである。その先は『江表伝』の信用性如何ということになるので、もうこれ以上述べないが、中国でも「三国志」に対する関心がいまだに強いことを知ったのは愉快であった。

そういえば、かつての荊《けい》州、いまの湖北省のテレビ局で、諸葛孔明《しょかつこうめい》を主人公にした連続ドラマが制作されており、その「三顧の礼」で迎えられた場面が、今年十一月五日にＮＨ

Kから放映されていた。

中国でも日本でも、三国時代に対するなみなみならぬ興味が持たれており、おそらく本書の読者の皆さんも、それぞれに「三国志」に対するイメージを持ち、あるいは登場する人物に好悪の感情を抱いておられることであろう。私はこうしたイメージや感情が、本書によってさらに大きくふくらんでいく機縁になれば幸いだと思っているし、またこうしたイメージや感情をこわしてしまったのではないかとも恐れている。

本書は陳寿の『三国志』を中心に書き進めたが、折にふれて裴松之の注に引用されたものや、『三国志演義』でどのように脚色されているかといったことにも触れてみた。いわばパン種《だね》と、でき上ったパンを並べて見たわけだが、パン種にはパン種の、パンにはパンの、それぞれにふさわしい書き方で、人間の生き方をあらわしており、時間を越えて現在の我々に迫ってくるものを感じた。

講談社の阿部英雄氏から、現代新書に執筆しないかとのお誘いを受けてちょうど一年、その間にさいわいにも二回、中国への小旅行の機会に恵まれた。成都、重慶、そして三峡下りをして宜昌、武漢へ、あるいは洛陽郊外の関林の見学、宋代に「説三分」が釈台にのせられたであろう開封の繁華街相国寺の付近を歩くこともできた。

いま校正を終るにあたって、一々お名前はあげないが、諸先輩や同学の著書・論文を参考にさせていただいたことに感謝する。特に『演義』の翻訳は、岩波文庫本を参照した。
最後に、種々有益な助言と励ましをいただいた阿部英雄氏に、厚く御礼申し上げる次第である。

昭和五十九年十二月

解説

井波律子

本書『「三国志」の知恵』が講談社現代新書の一冊として、最初に刊行されたのは、今から二十四年あまり前、一九八五年一月である。以来、十数回にわたり版を重ねて読まれてきたが、このたび装いも新たに、さらなる門出の日を迎えたことは、ひとえに本書が四半世紀になんなんとする時を超え、なおも読者にアピールする力を保ちつづけていることを示している。ちなみに、本書は、陳寿《ちんじゅ》著『正史三国志』を基本としつつ、適宜、羅貫《らかん》中《ちゅう》の手になるとされる白話長篇小説『三国志演義』にも目を向けるという、バランスのとれた記述方法によって著されている。

本書は、「序　「三国志」と現代」、「Ⅰ　「三国志」の誕生と流布」、「Ⅱ　「三国志」の時代」、「Ⅲ　「三国志」のヒーローたち」、「Ⅳ　「三国志」から何を学ぶか」、の五章によって構成されている。

Ⅰ章「「三国志」の誕生と流布」では、まず、江戸時代の元禄二年（一六八九）に湖南《こなん》文山《ぶんざん》が訳した『通俗三国志』が広く読まれたことを皮切りに、内藤湖南の諸葛亮《しょかつりょう》論『諸葛武侯』、吉川幸次郎が新たな角度から曹操を論じた『三国志実録』に至るまで、日本における「三国志」受容の歴史をたどる。

これを前置きとして、『正史三国志』の著者陳寿、注者の裴松之《はいしょうし》について述べた後、『三国志演義』に目を転じ、『演義』成立までの前史として、元曲《げんきょく》の三国志劇、盛り場で講釈師が語った三国志物語の種本《たね》『全相《ぜんそう》三国志平話《へいわ》』などに言及する。なお、『平話』が刊行されたのは、十四世紀半ばの元末である。さらにまた、この章では、こうして『平話』に結実するまで、長い期間にわたって民間で語られた三国志物語の様相が、晩唐の詩人李商《りしょう》隠《いん》の詩、北宋の蘇東坡《そとうば》のエッセイ等々からたどられる。

Ⅰ章は以上のように、『演義』が『正史三国志』を源としながら、長らく民間芸能の分野でゆたかに膨らんできた三国志語りを踏まえて成立した過程を、簡にして要を得た語り口で明らかにしており、説得力に富む。

これにつづくⅡ章「「三国志」の時代」は、二世紀末の後漢末に勃発した「黄巾《こうきん》の乱」から書き起こされる。後漢末、宦官《かんがん》の専横によって政局が混乱し、社会不安が激化したとき、よるべを失った民衆は、道教系の新興宗教太平道《たいへいどう》に救いを求めた。太平道の教祖張角《ちょうかく》はそうした数十万にのぼる信者を軍事的に組織して蜂起し、後漢王朝に反旗をひるがえした。「黄巾」というのは黄色いターバンを指す。張角の信者たちはこの黄色いターバンを頭に巻いて、目印にしたのである。

黄巾軍の大攻勢に慌てた後漢王朝は、正規軍を組織する一方、各地に檄《げき》を飛ばして義勇軍を募り、なんとか黄巾軍を鎮圧することに成功した。「三国志」世界の英雄、曹操、劉備、孫堅（孫策・孫権の父）も当時の立場は三者三様ながら、いずれもこの黄巾討伐を機に世に出た人々だった。

本書の著者はこのⅡ章において、「三国志」世界の英雄たちが「黄巾の乱」以後、繰り広げた凄絶《せいぜつ》な戦いのドラマについては別の章に譲るとし、当時の先進地帯、黄河流域を支配した曹操の魏の屯田《とんでん》制、租税《そぜい》体系、兵制、官僚制などの制度や文化についてスポットをあてながら、歴史的観点から三国時代を通観している。三国時代を政治や文化の面から照射したこの手法は、三国志の時代を戦いの連鎖とは異なる角度から映しだしており、読みごたえがある。

これにつぐⅢ章「「三国志」のヒーローたち」においては、一転して、「三国志」世界でめざましい活躍を見せるヒーローたちを、「後漢末のヒーローたち」「蜀漢国のヒーローたち」「魏朝のヒーローたち」「呉朝のヒーローたち」の四項目に分け、各人各様の人物像が具体的に描きだされている。

なお、「後漢末のヒーローたち」でとりあげられるのは、献帝、何進《かしん》、董卓《とうたく》、呂布《りょふ》、袁紹《えんしょう》と袁術《じゅつ》の六人であり、劉備の蜀でとりあげられるのは、劉備、劉禅、諸葛亮、関羽、張飛、趙雲《ちょううん》、馬良《ばりょう》と馬謖《しょく》の八人、曹操の魏でとりあげられるのは、曹操、曹丕《そうひ》、夏侯惇《かこうとん》と夏侯淵《えん》、荀彧《じゅんいく》と荀攸《ゆう》、司馬懿《しばい》の七人、孫権の呉でとりあげられるのは、孫権、孫堅と孫策、周瑜《しゅうゆ》、魯粛《ろしゅく》、呂蒙《りょもう》、陸遜《りくそん》の七人である。

マイナスイメージのつよい「後漢末のヒーロー」はさておくとして、蜀、魏、呉のヒーローの顔ぶれはまことに当を得たものといえよう。もっとも、蜀・魏・呉のそれぞれのリーダー劉備、曹操、孫権とその配下のヒーローたち、言い換えれば特記すべき配下との関係性には、それぞれ独特のかたちがあり、ひとしなみに論じられないところがある。

まず劉備とその配下の場合は、黄巾討伐の時点でめぐりあった劉備と関羽・張飛が「同年同月同日に生まれなかったことは是非もないにしても、ひたすら同年同月同日に死なんことを願う」と、いわゆる「桃園結義《とうえんけつぎ》」で義兄弟の契《ちぎ》りを結んだことから明らかなように、彼らの関係性の中核をなすのは、全人格的な信頼関係にもとづくきわめて主情的な「侠《きょう》の精神」にほかならない。

こうした俠の精神は、その後、劉備の頼もしい部将となった趙雲、劉備の三顧《さんこ》の礼に感動して軍師となって死力を尽くし、劉備の死後も出来のよくない長男劉禅を支えつづけた諸葛亮にも共通するものである。

一方、曹操とその配下の場合は、当初から軍事面の中心となった夏侯惇、夏侯淵、さらには曹仁《じん》、曹洪《こう》などは、いずれも曹操の親類であり、曹操と彼らの関係性はやはり全人格的な信頼関係にもとづく主情的なものだった。親類以外でも、荒武者の典韋《てんい》や許褚《きよちよ》等々の部将と曹操の関係性は、やはり同様にホットで主情的なものである。

これに対して、後漢末、宦官派に徹底的に抵抗した知識人グループ「清流《せいりゆう》派」のホープ、荀彧を皮切りに、曹操こそ乱世をおさめうる人物だと認識してその傘下に入った荀攸、郭嘉《かくか》などの清流派知識人たちと曹操の関係性は、たがいに有用性を認めたうえでの結び付きであり、むしろクールで主知的なものだったといえよう。ちなみに、司馬懿ももとは荀彧に推挙され曹操傘下に入った清流派知識人である。

こうして曹操は軍事面におけるすぐれた部将たちとの主情的な関係性と、行政面における有能な知識人との主知的な結び付きを巧みに使い分け、軍事力を強化すると同時に、政権の基盤を着々と固めていったのである。

三国のうち残る孫氏の呉の場合は、一代でのしあがった劉備と曹操のケースとは明らかに異なる。孫権は父の孫堅、兄の孫策が江東に築いた基礎を受け継ぐ三代目であり、実戦面では父以来の宿将である程普《ていふ》、黄蓋《こうがい》、韓当《かんとう》に支えられ、戦略においては兄孫策の盟友だった有能きわまりない周瑜のバックアップを受けた。これらの人々が、孫権は支えるに足る人材だと見込んで尽力したことが、孫権の呉が三国の一つとして自立するための起動力になった。さらに、周瑜亡き後も、ひきつづいて魯粛、呂蒙、陸遜と、有能な軍師に恵まれたことも、三代目の孫権の稀有の幸運であった。

以上のように、それぞれ独特のかたちでリーダーと結びつく魏・蜀・呉のヒーローたちが、死にもの狂いの戦いを展開するところにこそ、三国志世界の醍醐《だいごみ》味があるといえよう。

さて、本書の掉尾《とうび》を飾るⅣ章「『三国志』から何を学ぶか」では、「知謀と計略」「選択と決断」「信義と背徳」「虚名と実力」「勝者と敗者」の五項目に分けて、それぞれ「三国志」世界の重要なポイントが、数々の名場面、名言、名高いエピソードに言及しながら、具体的に示される。

たとえば、「知謀と計略」の項では、諸葛亮の「天下三分の計」にはじまり、北伐のさいの諸葛亮と司馬懿の丁々発止《ちょうちょうはっし》のかけひき、諸葛亮と周瑜の知恵くらべ、「赤壁《せきへき》の戦い」

のさいの黄蓋の偽装降伏、関羽を滅ぼした呂蒙の深謀遠慮《しんぼうえんりょ》などが、とりあげられる。こうして多様な事例を引き合いに出したうえで、「よい策略というものは、適確な現状分析と、冷静な判断力、そして相手の心理を読んだ行動、平素からの熱心な研究心などのつみ重ねの上に生まれてくるものといえよう」というふうに、結論づけられるのである。

総じて、このⅣ章には「三国志」世界のめざましい事件や主要人物の動きが、時系列を超えて網羅的に盛り込まれており、乱世に生きる人々の各人各様のイメージが乱反射する面白さがある。

こうして縦横無尽に「三国志」世界を探求しながら、そのドラマティックな展開のポイントをおのずと明らかにしていることが、本書の大きな魅力だといえよう。

二〇一九年八月

（国際日本文化研究センター名誉教授）

狩野直禎（かの　なおさだ）

1929年、東京市生まれ。京都大学文学部史学科東洋史学専攻卒業、同大学大学院（旧制）退学。聖心女子大学助教授、京都女子大学教授、同大学学長（1993～97年）を経て、1998年、定年退職、京都女子大学名誉教授。博士（文学）。新村出記念財団理事、日仏東洋学会理事、三国志学会会長などを勤める。2017年2月、逝去。
著書に、『後漢政治史研究』（同朋舎出版）、『諸葛孔明』（人物往来社。のち『諸葛孔明――三国時代を演出した天才軍師――』PHP文庫）、『三国志の世界――孔明と仲達――』（清水書院）、『史記 人間学を読む』（学陽書房。のち『「史記」の人物列伝』人物文庫）、『韓非子の知恵』（講談社現代新書。のち『「韓非子」の知恵――現代に活かす帝王学――』PHP文庫）、『三国時代の戦乱』（新人物往来社）、『孔子――「論語」の人間学――』（学陽書房）など多数あり。

「三国志」の知恵

二〇一九年一一月一五日　初版第一刷発行

著　者　狩野直禎
発行者　西村明高
発行所　株式会社　法藏館
京都市下京区正面通烏丸東入
郵便番号　六〇〇‐八一五三
電話　〇七五‐三四三‐〇〇三〇（編集）
〇七五‐三四三‐五六五六（営業）

装幀　森　華
印刷・製本　中村印刷株式会社

ISBN 978-4-8318-7732-1 C0022